KB262738

행복을 늘리고

상처를 치유하는

마음의 기술

마음챙김 명상 멘토링

김정호 지음

불광출판사

마음의 '매트릭스' 너머

필자는 학생들에게 명상을 지도할 때 첫 번째 단계에서 이런 요청을 한다. "어떤 방식으로든 자기 나름대로 1분 동안만 생각을 하지 말고 마음을 비워 봐라." 대부분의 학생들은 단 1분 동안임에도 불구하고 마음을 비우는 데 실패한다. 이와 유사하게 때로 학생들에게 1분 동안 만 하얀 북극곰을 생각하지 말라고 주문하기도 하는데, 역시 대부분의 학생들은 1분이 아니라 단 10초도 하얀 북극곰을 생각하지 않는 데 실패하고 만다. 이 글을 읽는 여러분도 예외는 아닐 것이다.

이상하지 않은가? 다른 사람도 아니고 바로 내 생각인데 내 마음대로 못하다니 참 이상하지 않은가? 우리는 평소에 다른 사람의 생각을 바꾸지 못해 스트레스를 받으며 산다. 남편의 생각만, 아내의 생각만, 자녀의 생각만 혹은 직장 부하들의 생각만 바꾸면 만사가 오케이일 것 같은데 그게 그렇게 마음대로 안 돼서 괴롭지 않은가.

이렇게 내 생각도 내 마음대로 하지 못하고 사는 것이 우리의 현재 모습이다. 그러니 조금 더 행복해지기 위해, 조금 덜 상처받기 위해 다른 사람의 마음을 내 마음대로 하려고 애 쓰기 전에 우선 내 마음을 내 마음대로 해보는 연습을 하는 것은 어떨까.

명상은 마음을 다스리는 연습이라고 할 수 있다. 사람들이 일반적으로 알고 있는 명상은 집중명상이다. 마음챙김 명상을 한다고 하는데 실제로는 집중명상을 하는 경우도 있다. 마음챙김의 실천이 쉽지 않기 때문이기도 하지만 우선 마음챙김의 이해 자체가 쉽지 않기 때문이다.

집중명상이 감각에 주의를 모으고 마음을 비우는 것에 초점을 둔다면 마음챙김은 자기 자신을 있는 그대로 바라보는 것이다. 있는 그대로 바라본다는 것은 자신의 욕구와 생각을 내려놓고 떨어져서 바라보는 것이다. 따라서 마음챙김은 매 순간 자신이 무엇을 하고 있는지를 객관적으로 바라보는 것이다.

우리는 늘 밖을 바라보는 데 익숙하다. 밖을 볼 때도 있는 그대로 보기보다는 자신의 욕구나 지식으로 판단하고 평가하며 그 결과에 따라 좋아하기도 하고 원망하기도 한다. 자기 자신을 보는 경우도 있는데, 그때도 있는 그대로 보기보다는 검열관처럼 잣대를 가지고 판단하고 평가하며 그 결과에 따라 우쭐하기도 하고 자괴감에 빠지기도 한다.

이 책에서 이야기하고 있는 마음챙김은 지금–여기서 자기 자신이 어떤 욕구를 올리고 있는지, 어떤 생각을 하고 있는지, 어떤 정서를 느끼고 있는지, 어떤 감각을 경험하고 있는지, 어떤 행동을 하고 있는지를 객관적으로 떨어져서 바라보는 것이다. 이렇게 말로 표현하면 간단한 것 같은데 마음챙김의 의미를 '감' 잡는 데는 시간이 좀 걸리는 것 같다.

필자가 보기에 마음챙김을 이해하는 게 어렵고 또 사람들이 마음챙김을 오해하는 것도 같아 이 책에서는 다소 딱딱해지고 건조해지는 것을 무릅쓰고 인지심리학의 정보처리 관점에서 마음챙김 및 그것과 관련된 개념들을 세부적으로 나누어 사용하였다. 그러나 몇 가지 용어의 딱딱함에 대해서는 약간의 인내심을 가지면 곧 친숙해질 것이다. 그렇더라도 독자들이 가급적 편안하게 읽을 수 있도록 핵심 주제는 표현을 달리하면서 반복하여 다루었다. 그래서 굳이 순서대로 읽지 않고 자유롭게 읽더라도 어느 순간 마음챙김에 대한 '감'을 잡을 수 있도록 하였다. 마치 같은 북한산이지만 불광동에서도 바라보고 우이동에서도 바라보고 아래서도 바라보고 위에서도 바라보고 또 계절마다 바라봐야 그 모습을 전체적으로 알 수 있듯이, 이 책에서는 작은 글들로 다양하게 표현하여 마음챙김을 전체적으로 이해할 수 있도록 하였다. 북한산을 우이동에서만 혹은 불광동에서만 바라본 사람은 같은 산을 봤지만 같은 산을 봤다고 할 수 없다. 마음챙김을 이해하는 것도 마찬가지다.

많은 사람들이 영화 〈매트릭스〉를 보았을 것이다. 우리의 마음은 일종의 매트릭스 세계다. 우리는 그 속에서 울고 웃는다. 우리는 마음이라는 매트릭스의 감옥 속에 살고 있는지도 모른다. 마음챙김은 마음의 매트릭스 밖에서 매트릭스 안의 세계를 들여다보는 것으로 비유할 수 있다. 자신이 매트릭스 안에 있음을 자각할 때 매트릭스는 감옥에서 한바탕 놀이 무대로 바뀔지도 모른다.

■ 차 례

제1장
우리는 세상을 어떻게 보는가
— 삶, 정보처리, 주의 그리고 명상

제4장
호흡 바라보며 마음챙김하기
— 호흡 마음챙김 명상

제5장
몸 바라보며 마음챙김하기
― 몸 마음챙김 명상

제6장
오감 바라보며 마음챙김하기
— 우두커니 마음챙김 명상

제7장
행위 바라보며 마음챙김하기
— 행위 마음챙김 명상

제8장
일상생활하며 마음챙김하기
— 일상생활 마음챙김 명상

제9장
명상을 도와주는 전략

■   명상 초보자를 위한 도움말

이 책은 일반 명상이나 마음챙김 명상을 이미 경험한 사람에게는 특별히 어렵지 않을 것이다. 기존에 명상에 대해 알던 지식을 정리하는 데 도움이 될 것이고 명상을 정보처리 관점에서 새롭게 돌아볼 수 있을 것이다. 또한 집중명상과 마음챙김 명상과의 관계를 좀 더 명확하게 살펴볼 수 있을 것이다.

심리학이나 정보처리 관점에 익숙하지 않은 사람에게는 정보처리적 접근의 용어가 다소 딱딱해서 쉽게 다가오지 않을 만한 부분도 있다. 그러나 정보처리적 접근이 개념을 간결하게 정리하는 데는 상당히 효과적이라고 생각된다. 조금 딱딱하더라도 약간의 인내심을 가지고 몇 번 읽어보면, 자칫 모호할 수 있는 명상과 관련된 개념들이 좀 더 명료하게 파악될 수 있다.

이 책은 반드시 순서대로 읽어야 하는 것은 아니다. 다소 표현을 달리하면서 유사한 주제가 반복되기도 하므로 자유롭게 읽으며 자신에게 '감'이 오는 부분을 통해 전체를 이해할 수 있으면 좋겠다. 또한 명상

초보자는 마음챙김 명상으로 직접 들어가기보다는 먼저 집중명상을
어느 정도 익히는 것이 좋을 것 같아서 아래와 같이 도움말을 준비하
였다.

먼저, 집중명상을 연습한다

명상 초보자는 마음챙김 명상보다도 우선 집중명상을 연습하는 것
이 더 도움이 될 수 있다. 이런저런 스트레스로 힘든 현대인으로서
는 우선 몸과 마음의 평화를 얻겠다는 목표로 집중명상을 연습하는
것이다.

집중명상은 일상의 욕구와 생각을 내려놓고 명상의 대상에만 주의를
주는 것이다. 이러한 주의를 본문에서는 '순수한 주의bare attention'라
고 하였다. 욕구와 생각이 쉬어지면 몸과 마음의 평화를 경험하게 되
고 건강과 치유의 효과도 기대할 수 있다.

이 책에서 소개하는 **호흡 마음챙김 명상, 몸 마음챙김 명상, 우두커니 마음챙김
명상, 행위 마음챙김 명상은 호흡 집중명상, 몸 집중명상, 우두커니 집중명상, 행위
집중명상으로 수행할 수 있다.**
호흡 집중명상에서는 호흡 감각에만 주의집중하며 몸과 마음 모두 쉰

다. 몸 집중명상에서는 몸의 감각에만 주의집중하며 몸과 마음 모두 쉰다. 우두커니 집중명상에서는 몸의 감각뿐만 아니라 시각이나 청각 등 모든 감각을 포함해서 감각에만 주의집중하며 몸과 마음 모두 쉰다. 행위 집중명상에서는 일반적으로 일상생활에서 단순한 행위를 할 때 그 행위에만 주의집중하며 마음을 쉰다.

명상이란 생각과는 좀 거리를 두고 감각과 친해지는 연습이라고도 할 수 있다. 명상에서 주의집중한다는 것은 잡념 없이 감각에만 주의를 집중하는 것을 말한다. 그러나 실제로 집중명상을 해보면 알게 되겠지만 잡념 없이 감각에만 주의를 집중하는 것은 적어도 초보자에게는 어렵게 느껴진다. 이 책에는 그런 초보자들에게 도움이 되는 방법들이 소개되어 있다. 역설적이게도 명상을 잘하려면 잘하려고 하는 마음을 내려놓아야 한다. 오직 할 뿐이라는 마음가짐이 좋다. 잡념이 나도 괜찮다, 소리가 들려도 괜찮다는 자세가 좋다.

명상 초보자는 먼저 '4장 호흡 바라보며 마음챙김하기'와 '7장 행위 바라보며 마음챙김하기'를 읽고 거기서 설명하는 호흡 집중명상과 행위 집중명상을 연습하기를 권한다. 아울러 '9장 명상을 도와주는 전략'을 함께 읽으면 명상 수행에 도움이 될 것이다. '4장 호흡 바라보며 마음챙김하기'의 끝 부분에는 실제로 초보자들이 호흡명상을 할 때 사용하는 호흡명상 안내문이 있으니 참고하기 바란다. 원하는 경우에는 202쪽에 표기된 인터넷주소에서 **호흡명상 안내문 녹음 파일**을 내려 받아 사용해도 좋다.

호흡 집중명상과 행위 집중명상은 욕구와 생각을 쉬며 각각 호흡 감각과 행위에 따른 몸의 감각에 주의를 주는 것이다. 호흡 집중명상은 가장 기본이 되는 명상이고 행위 집중명상은 일상에서 반복적으로 하는 행위를 하면서 할 수 있는 명상이므로 별도의 시간을 내지 않고도 명상을 수련할 수 있다. 평소에는 호흡 감각이나 행위에 따른 몸의 감각에 거의 주의를 주지 않았기 때문에 주의집중이 쉽지 않겠지만, 차차 이러한 감각에 주의를 집중하는 것이 주는 고요한 기쁨을 알게 될 것이다.

4장과 7장을 잘 읽고 나서 결과를 기대하지 않고 느긋하게 황소걸음으로 실천한다면 혼자서도 능히 잘할 수 있을 것이다. 명상은 잘하려고 하면 할수록 더 안 된다. 명상을 잘하려는 욕구를 내려놓아야 한다. 왜냐하면 명상이란 주의 훈련이고 명상에서의 주의란 욕구와 생각을 내려놓은 '순수한 주의'이기 때문이다. 명상을 잘하려는 욕구가 있는 한 명상의 순수한 주의는 불가능하다. 그저 호흡 감각에, 그저 행위에 따른 몸의 감각에 주의를 줄 뿐이다.

이렇게 주의가 감각에 집중될수록 욕구와 생각으로 가는 주의는 줄어들어 마음은 고요하고 평화로워진다.

  마음챙김 명상 멘토링

다음, 마음챙김 명상을 익힌다

집중명상이 조금씩 숙달되면 마음챙김 명상도 연습해 본다. 마음챙김
이라는 개념이 알고 보면 그렇게 어려운 것은 아니지만 평소에 우리
가 잘 사용하지 않는 정보처리 방식이어서 처음에는 이해가 어려울
수 있다.

마음챙김은 자신이 하는 행위를 자각하게 해준다. 마음챙김은 자신이 무엇을
하고 있는지를 바라보는 것으로 자신이 무엇을 하고 있는지를 분명하
게 알아차림하게 해준다. 여기서 행위의 범위에는 눈에 보이는 행위만
이 아니라 눈에 보이지 않는 마음으로 하는 행위도 포함된다. 불교에
서는 인간의 행위를 업業 혹은 카르마karma라고 해서 몸으로 짓는 신
업身業, 말로 짓는 구업口業, 생각으로 짓는 의업意業의 삼업三業으로 분
류한다. 몸과 마음의 구분으로 보면 신업과 의업만으로 구분하는 것이
적절할지 모르겠으나 인간은 특히 언어를 사용하는 존재라 구업을 따
로 분류한 것으로 보인다. 이렇게 인간은 몸으로, 말로, 생각으로 선업
善業을 짓기도 하고 악업惡業을 짓기도 해서 그 결과 행복의 과보果報와
불행의 과보를 받는다.

마음챙김은 자신이 몸으로, 말로, 생각으로 하는 행위에 대한 자각
을 통해 불행의 과보를 가져오는 악업을 줄여 나가고 행복의 과보

를 가져오는 선업을 늘려 나가는 효과를 가져올 수 있다. 일상생활에서 우리는 반성 혹은 성찰을 통해 자신의 행위를 돌아보고 바르게 살고자 한다. 마음챙김도 자신의 행위를 돌아보는 것이기는 하지만 **행위가 끝난 후에 돌아보는 것이 아니라 행위의 진행과 동시적으로 바라보는 것이다.**

우리는 행위를 할 때 행위에 빠져 자신의 행위를 보지 못해 나중에 종종 후회를 하기도 한다. 마음챙김은 행위와 동시에 자신의 행위를 보는 것이다. 아울러 마음챙김은 반성이나 성찰과는 달리 **자신의 행위에 대해 옳고 그름 혹은 좋아하고 싫어함의 판단이나 분별함 없이 단지 바라보는 것이**다. 이렇게 자신이 주의를 주며 하는 행위에 대해 욕구와 생각이 개입하지 않은 주의를 주는 것이기 때문에 마음챙김은 '순수한 상위주의 bare meta-attention'라고 한다. 이에 대해서는 본문을 잘 읽고 이해하기 바란다.

마음챙김은 자신이 하는 행위를 바라보는 것이라고 했지만, 다르게 보면 자신의 의식경험을 바라보는 것이라고도 할 수 있다. 몸으로, 말로, 생각으로 하는 행위는 의식으로 경험된다. 즉 의식에 경험을 만든다. 의식경험을 통하지 않고 어떻게 자신의 행위를 알 수 있겠는가? **마음챙김은 자신의 의식경험에 대해 욕구와 생각이 붙지 않은 순수한 주의를 주는 것이다.**

마음챙김 명상은 일상생활을 하면서 늘 마음챙김이 유지되도록 하는 것을 목표로 한다. 그러나 일상생활에서 마음챙김을 유지하는 것은 쉽

　　　　　마음챙김 명상 멘토링

지 않다. 일상생활에서는 욕구와 생각에 많은 정신 자원이 투여되기 때문에 욕구와 생각을 내려놓은 순수한 주의를 유지하기가 쉽지 않은 것이다.

일상생활을 하면서 마음챙김하는 것이 어렵기 때문에 우선 호흡 마음챙김 명상, 몸 마음챙김 명상, 우두커니 마음챙김 명상, 행위 마음챙김 명상 등을 통해 마음챙김의 기술과 힘을 익히는 것이 좋다. **호흡 마음챙김 명상, 몸 마음챙김 명상, 우두커니 마음챙김 명상, 행위 마음챙김 명상은 집중명상이라는 활동을 하면서 마음챙김을 하는 명상이라고 할 수 있다.** 즉 욕구와 생각을 내려놓은 순수한 주의를 동원하는 집중명상을 하면서 경험하는 것을 또렷이 깨어 떨어져서 보는, 즉 마음챙김하는 것의 유지를 목표로 한다. 마음챙김 명상에는 이러한 집중명상을 하면서도 떨어져서 봄, 자신이 무엇을 하고 있는지에 대한 떨어져서 봄이 있다!

호흡 마음챙김 명상은 호흡 감각에 순수한 주의를 집중하는 호흡 집중 명상을 하면서 마음챙김하는 것이고, 몸 마음챙김 명상은 몸의 감각에 순수한 주의를 집중하는 몸 집중명상을 하면서 마음챙김하는 것이고, 우두커니 마음챙김 명상은 감각기관을 통해 경험되는 감각에 순수한 주의를 집중하는 감각 집중명상을 하면서 마음챙김하는 것이고, 행위 마음챙김 명상은 행위를 하며 행위와 행위에 따른 감각에 순수한 주의를 집중하는 행위 집중명상을 하면서 마음챙김하는 것이다.

호흡 마음챙김 명상, 몸 마음챙김 명상, 우두커니 마음챙김 명상, 행위 마음챙김 명상에 대한 각 장에서의 설명은 대부분이 집중명상으로 수행하는 경우를 다루고 있으며 끝부분에 '이 모든 과정과 이 과정에서 느껴지는 감각에 가만히 마음챙김한다.', '이 모든 과정을 떨어져서 고요히 지켜본다.', '이 모든 과정을 떨어져서 지켜보는 마음챙김을 유지하도록 한다.', '이 모든 과정을 가만히 주시한다.', '이 모든 과정을 고요히 자각한다.' 등으로 표현되는 부분을 포함하고 있다. 이 부분을 함께 수행할 때 마음챙김 명상으로 수행하는 것이 된다.

호흡 집중명상을 할 때는 오로지 호흡 감각에 주의를 집중하면서 호흡 감각을 경험하면 된다. 여기서 **호흡 집중명상을 하는 자신을 마음챙김**하게 되면 '앉아 있음', '호흡에 주의를 주고 있음', '특정한 호흡 감각^{예: 날숨의 따뜻함}을 경험하고 있음' 등을 자각하게 된다. 이때 다른 생각이 떠오르면 그러한 생각이 떠올랐음을 알아차림하게 된다. 걷기 집중명상을 할 때는 걷기와 걷기에 따른 발바닥이나 다리의 감각에 주의를 주며 걷기에 따른 감각을 경험하면 된다. 여기서 **걷기 집중명상을 하는 자신을 마음챙김**하게 되면 '걷고 있음', '걷기에 주의를 주고 있음', '걷기에 따른 특정한 감각^{예: 발바닥의 감촉}을 경험하고 있음' 등을 자각하게 된다. 마치 객석에 앉아 무대에서 벌어지는 배우들의 행위를 낱낱이 바라보듯이 의식이라는 무대에서 벌어지는 경험을 정확하게 바라보는 것이다.

요컨대 **마음챙김은 바로 이 순간 자신이 무엇을 하고 있는지를 또렷이 알아차림하게 해준다.** 어떻게 몸을 움직이고 있는지, 무슨 말을 하고 있는지, 어떤 감각을 느끼고 있는지, 무엇을 욕구하고 있는지, 어떤 생각을 하고 있는지 등에 대해 분명한 알아차림을 하게 해준다.

집중명상에서는 주의집중의 대상에 온전하게 순수한 주의를 집중한다. 주의집중 대상에 100퍼센트 순수한 주의를 주는 것을 목표로 한다. 궁극적으로는 주의집중의 대상과 하나가 되는 것이다. 마음챙김 명상에서는 5퍼센트든 10퍼센트든 약간의 정신 자원을 남겨 마음의 현상을 지켜보는 순수한 주의, 즉 순수한 상위주의를 유지하는 것을 목표로 한다.

왜 마음챙김 명상을 하는가?

'왜 마음챙김 명상을 하는가?' 위의 설명을 읽고 나면 이런 의문이 들 수 있다. 특히 호흡 마음챙김 명상, 몸 마음챙김 명상, 우두커니 마음챙김 명상, 행위 마음챙김 명상 등은 그냥 호흡 집중명상, 몸 집중명상, 우두커니 집중명상, 행위 집중명상 등으로 수행하면 충분할 것 같은데 거기에 '그것을 떨어져서 바라보는 것이 왜 필요한가, 왜 집중명상만으로 충분하지 않은가?'라는 의문이 들 수 있다.

집중명상의 수행은 우리에게 집중력을 길러 주며 고요한 기쁨을 준다. 마음챙김 명상의 경우에는 일상생활을 하면서도 명상을 하여 명상의 유익함을 얻을 수 있다. 집중명상을 통해 우리의 마음은 맑고 깨끗한 상태에 있을 수 있지만 일상의 많은 장면에서 우리는 습관적으로 이런저런 건강하지 않은 욕구를 일으키고 부적절한 생각을 하며 적응적이지 못한 행동을 한다. 물론 집중명상을 지속적으로 하면 그만큼 마음이 정화되고 욕구, 생각, 행동 등이 좀 더 건강하고 적절하고 적응적으로 될 수 있지만, 한계가 있다.

마음챙김 명상은 일상의 모든 장면에서 마음의 움직임을 볼 수 있게 해준다. 일상생활을 하며 마음챙김 명상을 수행하면, 욕구와 생각을 사용하면서 하는 명상이기 때문에 고요한 기쁨의 맛은 적다. 그러나 **꾸준히 수행하면 자기 자신에 대한 자각력**power of self-awareness**이 증진된다.** 자신을 이렇게 저렇게 통제하고 변화시키려는 시도 없이 단지 바라보는 것만으로 자신에 대한 자각력이 증진되며, 결과적으로 자신에 대한 통제감이 증진되고 긍정적인 변화가 이루어진다.

첫술에 배부르지는 않겠지만, 생활 속에서 가끔씩이라도 자신이 무엇을 하고 있는지 마음챙김을 하면 조금씩 자신에 대한 자각력이 증진되는 것을 느끼게 된다. 생활 속에서 자신을 바라보는 시간이 늘어나기 시작한다. 구체적인 방법은 '8장 일상생활하며 마음챙김하기'를 참조하기 바란다. 아울러 호흡 집중명상, 몸 집중명상, 우두커니 집중명상,

행위 집중명상 등을 하면서 마음챙김을 함께 닦음으로써 집중명상의 유익함을 얻으면서 마음챙김의 기술과 힘을 기를 수 있다. **집중명상을 하면서 마음챙김을 하게 되면 욕구와 생각이 고요해진 자리에서 '나'와 '세계'에 대한 새로운 자각을 하게 된다.**

마음챙김은 우리의 일상적 정보처리와는 매우 다른, 어쩌면 차원이 다르다고 할 수 있는 독특한 정보처리 방식이다. 마음챙김은 단지 순수하게 바라보는 것이지만 편견이나 선입견 없이 순수하게 바라보는 것이 쉬운 일은 아니다. 그러나 단지 순수하게 바라보는 것만으로 우리의 행위는 변화하며 '나'에 대해 깊이 통찰할 수 있다. 마음챙김 명상을 통해 우리는 새로운 차원의 '나'를 만나게 된다. 지금 알고 있는 '나'가 틀렸다는 것은 아니다. 그렇다고 '나'를 온전하게 알고 있었던 것은 아니다. **우리는 일상생활에서 욕구와 생각을 '나'로 안다. 그러나 욕구와 생각은 '나'의 욕구, '나'의 생각이지 '나'가 아니다.**

이러한 '나'에 대한 새로운 인식은 우리의 삶에 변화를 가져온다. 우리가 경험하는 스트레스, 그로 인해 발병하거나 악화되는 신체적 혹은 심리적 질병 등에도 긍정적 변화를 가져온다.

■ 주요 용어 정리

일반인과 소통하기 위해서는 일상의 용어를 사용해야 하는데, 일상생활에서 통용되는 용어의 불명료함 또는 개인마다 조금씩 다르게 사용하는 용법으로 인해 의사소통이 막히거나 오해가 발생하는 경우가 자주 있다.

아래에는 이 책에서 다루는 주요 개념과 관련된 일상의 용어를 심리학에서 사용하는 용어를 중심으로 정리하였다. 이 책에서는 심리학 용어와 일상의 용어를 그때그때 맥락에 따라 바꿔 가면서 사용하였다. 미리 읽어 두면 이해에 도움이 될 것이다.

동기 | motivation

- **정의** '목표 + 그것을 달성 혹은 유지하고자 하는 소망 또는 추동력'.
- **바꿔 사용 가능한 용어** 욕구, 욕망, 욕심, 의도, 관심 등.

인지 | cognition

- **정의** 사고방식, 인지 전략, 인지 내용, 판단, 추론, 이해, 기억, 주의, 문제 해결 등의 심리적 기능을 포함.
- **바꿔 사용 가능한 용어** 인식, 생각 등.

욕구와 생각

- 욕구와 생각은 이 책에서 가장 많이 사용되는 용어로 동기와 인지를 의미한다. 동기와 인지가 다소 딱딱한 표현인 관계로 일상용어인 욕구와 생각이라는 표현을 사용했다. 욕구와 생각이라고 두 용어를 병기하고 있지만, 일상생활에서는 생각이라는 용어 하나만으로도 충분할 수 있다. 왜냐하면 일상생활에서 생각이라는 말은 욕구를 포함하는 경우가 많기 때문이다. 예를 들어, "밥 먹을 생각이 없어.", "영화 볼 생각이 있어?" 등에서 사용된 생각은 욕구를 의미한다. 따라서 '욕구와 생각을 내려놓아라.'라고 할 때 그냥 '생각을 내려놓아라.'라고만 해도 괜찮다. 그러나 동기와 인지가 분명히 구분되는 개념이므로 다소 번거롭지만 욕구와 생각이라고 나눠서 병기했다. 참고로 일부 심리 치료 장면에서 동기와 인지를 명확하게 구분해서 사용하지 않는 경향이 있다고 판단돼서 더 분명히 구분하고 싶었다.

주의 | attention

- **정의** 정신 자원의 배분. 일반적으로 욕구와 생각이 동원됨.
- **바꿔 사용 가능한 용어** 바라보기.

상위주의meta-attention

- **정의** 주의에 대한 주의. 일반적으로 욕구와 생각이 동원됨.
  예) 신경증적 주의: 특정한 정보처리가 진행 중일 때 그것에 대한 동시적 상위
  주의. 특정한 욕구와 생각이 많이 개입하므로 자기객관화가 없고 따라서 의식
  에 대한 떨어져서 보기도 없음.
- **바꿔 사용 가능한 용어** 상위바라보기.

순수한 주의bare attention

- **정의** 욕구와 생각을 사용하지 않는 주의. 집중명상에서 동원되는 주의.
- **바꿔 사용 가능한 용어** 순수한 바라보기.

순수한 상위주의bare meta-attention

- **정의** 주의에 대한 순수한 주의. 마음챙김 명상에서 동원되는 주의, 즉 마음챙김.
- **바꿔 사용 가능한 용어** 순수한 상위바라보기.

알아차림awareness

- **정의** 주의라는 정신적 행위에 수반하는 주관적 경험.
- **바꿔 사용 가능한 용어** 의식consciousness, 의식경험conscious experience.

상위알아차림meta-awareness

- **정의** 상위주의에 수반하는 주관적 경험. 알아차림에 대한 알아차림.
- **바꿔 사용 가능한 용어** 상위의식meta-consciousness, 상위의식경험meta-conscious
  experience.

순수한 알아차림^{bare awareness}

- **정의** 순수한 주의에 수반하는 주관적 경험.
- **바꿔 사용 가능한 용어** 순수한 의식^{bare consciousness}, 순수한 의식경험^{bare conscious experience}.

순수한 상위알아차림^{bare meta-awareness}

- **정의** 순수한 상위주의에 수반하는 주관적 경험. 알아차림에 대한 순수한 알아차림.
- **바꿔 사용 가능한 용어** 순수한 상위의식^{bare meta-consciousness}, 순수한 자각^{bare self-awareness}.

집중명상의 주의

- **바꿔 사용 가능한 용어** 순수한 주의.

마음챙김 명상의 주의

- **바꿔 사용 가능한 용어** 마음챙김^{mindfulness, sati}, 순수한 상위주의, 반조返照, 돌이켜 비춰 봄, 순수한 상위바라보기.

에고^{ego}

- **정의** 우리가 일반적으로 '나'라고 동일시하고 있는 '나'.
- **바꿔 사용 가능한 용어** 작은 나, 소아小我.

●

정보처리 유형에 따른 주의의 유형과 주의에 수반하는 의식의 유형

정보처리 유형	(정보처리에 동원되는) 주의	(주의에 수반하는) 의식
일반적 정보처리	일반적 주의	일반적 알아차림
상위정보처리	상위주의	상위알아차림
집중명상	순수한 주의	순수한 알아차림
마음챙김 명상	순수한 상위주의	순수한 상위알아차림

●

주의의 유형과 주의에 수반하는 의식 유형의 관계

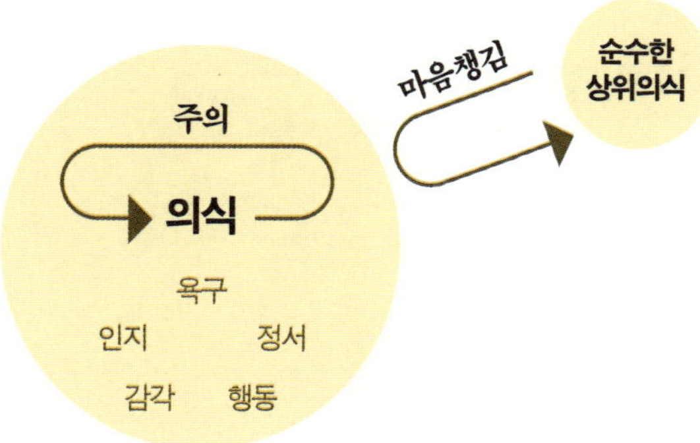

- 마음챙김 = 순수한 상위주의 = 욕구와 생각을 내려놓은 상위주의
- 의식 = 알아차림
- 의식의 내용: 욕구, 인지, 정서, 감각, 행동
- 순수한 상위의식 = 순수한 상위알아차림

제1장

우리는
세상을
어떻게 보는가

-

삶, 정보처리, 주의 그리고 명상

우리가 욕구와 생각을 가지고 세상과 상호작용하며 살아가는 것은 일종의 정보처리라고 볼 수 있다. 우리는 세상을 있는 그대로보다는 우리의 욕구와 생각에 따라 경험한다. 욕구와 생각에 따라 주의가 달라지고 주의에 따라 우리의 경험이 달라지는 것이다. 그 결과 몸과 마음에 상처를 입고 불행에 빠지기도 한다.

명상은 주의 훈련으로 볼 수 있다. 주의 훈련을 통해 욕구와 생각을 다스리고, 마음을 다스려 몸과 마음의 건강을 회복하고 행복의 길로 간다.

우리의 삶은
정보처리다

우리의 삶은 정보처리라고 할 수 있다.

정보처리란 유기체가 외부 환경과 상호작용하는 것을 말한다.

유기체와 외부 환경의 상호작용은 유기체가 자신의 욕구를 충족시키기 위해 외부 환경을 이해하고 변화시키는 과정이다.

유기체가 외부 환경을 이해하고 변화시키는 과정은 정보를 구성하는 과정이다.

정보는 물리적 정보와 심리적 정보로 나눌 수 있다.

물리적 정보는 유기체를 포함한 세계의 물질적 특성에 대한 정보다.

심리적 정보는 유기체 내부의 욕구, 생각, 정서, 감각, 행동 등을 말한다.

살면서, 즉 정보처리를 통해, 유기체와 외부 환경 모두 변화한다.

어떠한 변화를 가져올 것인가?

정보처리와 주의

정보처리에서 중요한 과정 중의 하나가 주의attention다. 우리가 감각하고 보고, 듣고, 냄새 맡고, 맛보고, 촉감을 느끼고, 인지하고 생각, 기억, 판단 등, 동기욕구를 일으키고, 행동하는 등의 정보처리에는 모두 주의가 필요하다.

외부 자극이 주어지더라도 주의를 주지 않으면 감각하지 못한다. 주의가 다른 곳에 있으면 외부에서 어떤 소리가 들려도 듣지 못하고 음식을 먹어도 맛을 알지 못한다. 주의가 주어지면 외부 자극은 단기기억^{short-term memory}이라고 불리기도 하는 작업기억^{working memory}에 표상되고, 주의가 지속되는 한 작업기억에 유지된다. 외부로부터 표상된 정보는 작업기억에서 장기기억^{long-term memory}으로부터 인출^{retrieval}된 여러 가지 관련된 정보와 상호작용하면서 새로운 정보를 형성하기도 하고 필요한 행동으로 연결되기도 한다. 작업기억의 처리 내용은 장기기억으로 넘어가며 나중에 필요할 때 인출된다.

장기기억의 용량은 대단히 크다. 우리가 태어나면서부터 지금까지 경험한 거의 모든 정보가 담겨 있다. 그러나 작업기억의 용량은 제한적이다. 보통 7±2개의 정보 단위를 담을 수 있다고 본다. 우리가 한 번 듣고 따라할 수 있는 전화번호는 대략 7자리 정도의 숫자다. 전화번호를 7자리까지는 불러 주면 따라 말하기를 할 수 있지만, 8자리, 9자리로 늘어나면 한 번에 듣고 따라 하기가 어렵다. 작업기억의 용량을 벗어나기 때문이다. 작업장에 수많은 도구가 있지만 작업대의 크기가 제한되어 있으므로 작업대 위에 올려놓고 한 번에 사용할 수 있는 도구의 수에 제한이 있는 것을 떠올려 보면 작업기억을 이해하는 데 도움이 될 것이다. 이러한 작업기억의 제한성으로 인해 우리는 많은 정보 중에 어떤 정보를 작업기억에 포함시켜야 할지 선택할 필요가 있다.

주의는 선택 과정이다. 이러한 선택 과정이 없다면 우리는 감각기관으로 들어오는 수많은 자극의 홍수에 압도당할 것이며 막대한 양의 장기기억에서 어떤 정보를 동원해야 할지 혼란 상태에 빠질 것이다. 외부 세계의 정보량도 무한하고 유기체의 욕구, 생각 등도 무한하다. 그러나 우리가 한 번에 처리할 수 있는 처리 용량은 제한되어 있다. 따라서 어떤 욕구, 생각을 동원하여 외부 세계의 어떤 자극을 처리할 것인가 하는 선택의 문제는 매우 중요하다. 우리는 정보 선택의 효율성을 높이기 위해 동기 체계와 인지 체계를 통해 외부 환경을 선택하거나 주어진 외부 환경에 적절한 욕구와 생각을 동원하고 외부 환경 중 필요한 부분을 선택한다.

작업기억의 용량 제한성을 다르게 표현하면 '한 번에 주의를 줄 수 있는 정보의 양이 제한되어 있다.'라고 할 수도 있다. 주의를 주어야 정보처리를 할 수 있는데 주의의 크기가 제한되어 있다는 것이다. **주의는 정신 자원**mental resources**의 배분**이라고 정의한다. 즉 우리의 정보처리에는 정신 자원이 필요한데 이러한 정신 자원의 배분이 주의다. 이것은 우리는 한 번에 한 가지 일만이 아니라 두 가지 이상의 일을 동시에 선택해서 처리할 수도 있음을 의미한다. 예를 들어 운전을 하면서 옆 사람과 대화를 나누는 것은 정신 자원이 운전과 대화에 배분되어 주어졌기 때문에 가능한 것이다.

Believing is Seeing

주의의 선택 과정에 우리의 판단 ^{인지} 체계과 욕구 ^{동기} 체계가 동원된다. 따라서 우리의 경험은 외부 자극의 특성을 반영하기도 하지만 ^{상향처리,} ^{bottom-up processing} 우리 자신의 내적 특성을 반영하기도 한다 ^{하향처리,} ^{top-down processing}. 이러한 정보처리의 특징으로 해서 인지심리학자들은 'Seeing is believing ^{보면 믿게 된다.}' 이라기보다는 'Believing is seeing ^{믿으면 보인다, 믿는 대로 보인다.}' 이라고 말하기도 한다.

다음 페이지의 그림들은 동일한 외부 자극이 어떻게 다르게 인식될 수 있는지를 잘 보여 준다. 그림 ①은 동일한 모양이 아라비아 숫자 맥락에서는 13으로 영어 알파벳 맥락에서는 B로 인식되는 것을 보여 준다. 동일한 모양이지만 전자에서는 아라비아 숫자의 인지 체계가 동원되었고 후자에서는 영어 알파벳의 인지 체계가 동원되었기 때문에 이러한 인식의 차이가 가능한 것이다. 개나 고양이에게는 혹은 아라비아 숫자나 영어 알파벳을 배운 적이 없는 사람에게는, 13으로도 보이고 B로도 보이는 이 모양이 어떻게 인식될까?

그림 ②는 동일한 그림이 토끼로 혹은 오리로 보일 수 있음을 보여 준다. 이 경우에서도 역시 우리가 동원하는 동기 체계와 인지 체계에 따라 동일한 모양이 다르게 인식되는 것을 알 수 있다. 만약에 태어나서 토끼나 오리 중 한 동물만 보고 다른 동물은 본 적이 없는 사람이라면 이 그림에서 토끼나 오리 중 한 동물만 볼 것이고 다른 동물로 볼 수 있다는 것을 이해할 수 없을 것이다.

그림 ③도 동일한 그림을 동원하는 동기 체계와 인지 체계의 차이에 따라 젊은 여인 또는 늙은 여인으로 볼 수 있음을 보여 준다. 참고는 필자는 이 그림을 오래 전부터 보았는데, 비교적 젊었을 때는 젊은 여인이 먼저 보였고 요즘은 근소한 차이지만 주로 늙은 여인이 먼저 보인다. 나이에 따라 동원되는 인지 체계의 강도가 다른 것인지….

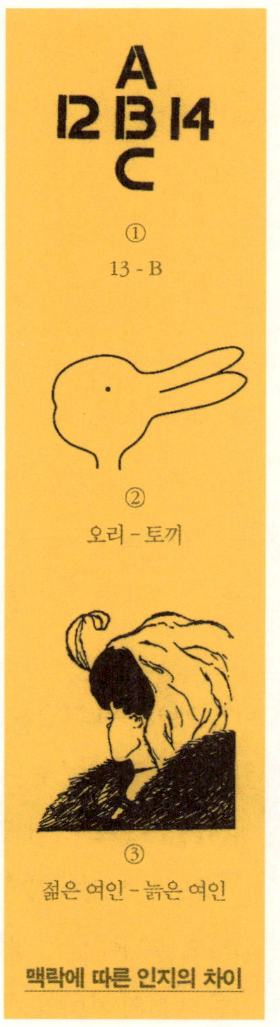

마음챙김 명상 멘토링

여기서 한 가지 더 첨언할 것은 하향처리로 인해, 욕구 혹은 경험의 차이든 혹은 맥락효과 때문이든, 동원되는 동기-인지 체계가 다르면 주어진 자극에 주는 주의도 달라진다는 사실이다. 즉 동원되는 동기-인지 체계가 다르면 주어진 그림을 보는 방식 자체가 달라진다. 피카소의 그림을 미술 전문가와 일반인이 동일한 방식으로 보지는 않을 것이다. 차이코프스키의 음악을 10살 어린이와 20살 대학생이 동일한 방식으로 듣지는 않을 것이다.

부처 눈에는 부처,
돼지 눈에는 돼지

불교에는 일수사견一水四見이라는 말이 있다. 같은 물도 보는 주체에 따라 달리 보인다는 말이다. 천상의 존재가 보면 유리로 장식된 보배로, 사람이 보면 마시는 물로, 아귀가 보면 피고름으로, 물고기가 보면 사는 집으로 보인다는 것이다. 애니메이션 영화 〈개미〉에서 비 오는 장면이 나오는데, 어떤 사람에게는 낭만적으로 보이는 빗방울이 개미들에게는 하늘에서 떨어지는 물폭탄임을 알 수 있다. 사실 **우리가 어떤 대상이나 현상을 경험할 때 그 경험은 대상이나 현상에 대해서보다 우리 자신에 대해 더 많은 것을 드러내 준다.**

어떤 여성이 섹시해 보인다는 것은 그 여성보다도 그렇게 보는 남성의 성적 매력에 대한 인지 체계와 성적 욕망에 대해 더 많은 것을 드러내 주는 것이다. 그 여성 자체가 섹시하다면 침팬지나 우랑우탄 수컷에게도 그렇게 보여야겠지만 실제로는 안 그렇지 않은가. 그렇다고 침팬지

 마음챙김 명상 멘토링

수컷이나 우랑우탄 수컷에게 성적 욕망이 없는 것은 아니다. 다만 그들은 그들 나름의 성적 매력에 대한 인식 체계를 가지고 있어서, 기본적으로 온 몸에 털이 수북하고 거기에 더해서 독특한 냄새와 형태를 갖는 암컷 침팬지나 우랑우탄에게 성적 매력을 느끼고 교미하려고 한다. 물론 이런 암컷 침팬지나 우랑우탄은 인간 남성에게 결코 섹시하지 않다.

또한 젊은 남성에게 아무리 섹시한 여성이라고 해도 네댓 살 먹은 남자아이에게는 전혀 그렇지 못하다. 그 아이에게는 성적 인식 체계나 성적 욕구 체계가 아직 발달되지 않았기 때문에 동일한 여성에 대해서 젊은 남성과는 다른 경험을 하는 것이다.

젊은 여성에게는 어떠한가? 젊은 남성들에게 섹시하게 보이는 여성이 젊은 여성의 눈에도 섹시하게 보일 수는 있다. 그것은 성적 매력에 대한 인식 체계를 젊은 남성들과 공유하기 때문이다. 그러나 섹시한 젊은 여성이 젊은 남성들에게 성적 욕구를 자극할 수 있으나 다른 젊은 여성들에게는, 동성애자가 아니라면, 성적 욕구가 아니라 질투와 관련된 욕구를 자극할 것이다.

성적 매력에 대한 인식은 문화권이나 시대에 따라 달라지기도 한다. 적어도 현대의 산업화된 사회의 남성들은 과거에 섹시하다고 여겨지던 풍만한 여성의 모습보다는 책받침처럼 바짝 마른 여성의 모습에 섹시함을 느끼는 것 같다.

대상 자체가 아니라 대상을 바라보는 우리의 인식 체계와 욕구 체계가 대상에 대한 경험을 좌우하는 것이다. 그래서 옛말에도 부처 눈에는 부처만 보이고 돼지 눈에는 돼지만 보인다고 한 것이다.

욕구, 주의,
알아차림

주의는 주로 욕구에 의해 좌우된다. 주의가 주어지면 선택되고, 작업기억에 들어오게 된다.

주어진 외부 환경에서 주의가 주어진 부분만 선택되어 작업기억에 들어온다. 구두를 하나 장만하려는 욕구가 있으면 지하철 타고 출퇴근하며 보게 되는 사람들의 발만 보인다.

외부 환경에서 자신에게 새롭거나 중요한 자극은 주의를 끌며 작업기억에 들어온다. 부서 회식이 있어서 음식점에서 삼겹살을 구워 먹으며 서로 왁자지껄하게 떠들며 대화하는 중에도 다른 테이블에서 자신의 이름이 나오면 순간적으로 그쪽으로 주의가 간다.

주의에 의해 선택되어 작업기억에 들어온 정보는 정보처리에 사용되지만 모두 의식^{consciousness}되는, 즉 알아차림^{awareness}되는 것은 아니다. 젓가락을 사용해서 음식을 집고 그것을 정확하게 입에 넣는 일은 한국인이라면 아주 쉬운 일이다. 즉 주의가 많이 요구되는 일이 아니다. 그렇기 때문에 젓가락으로 음식을 먹으면서도 사람들과 대화를 나누거나 TV를 보는 데 전혀 지장을 느끼지 않는다. 한편 이렇게 주의가 많이 주어지지 않는 일은 충분히 의식되지 않아서 어떤 음식을 어떻게 집어서 입으로 가져갔는지 제대로 알지 못한다. 운전을 해서 집에 오긴 했는데 운전 중 다른 생각에 빠져서 어떻게 운전을 하고 왔는지 모르는 경우도 마찬가지다.

요컨대, 주의는 실무율^{all-or-none}로 작용하지 않는다. 즉 주의는 '주거나 주지 않거나'의 방식이 아니라 '어느 정도 주느냐'의 방식으로 작용한다. **주의가 주어진 정도에 따라 의식의 명료성이 좌우되며** 주의가 어느 정도 이하로 주어지면 거의 의식되지 않는다. 그러나 의식되지 않아도 과제 수행에는 큰 문제가 없다. 숙달된 일은 적은 주의로도 충분히 수행할 수 있기 때문에 의식 없이도 잘 이루어진다.

 마음챙김 명상 멘토링

내 마음은
내 마음대로만 되지는 않는다

주의는 우리의 뜻, 의지, 마음대로만 작용하지는 않는다.

내 마음 나도 모르는 경우도 많고 내 마음 내 마음대로 안 되는 때도 많다.

아침에 직장 상사가 인사받지 않고 지나간 일이 자꾸 마음에 걸린다.

더 이상 게임에 빠지지 않고 일을 하려고 해도 게임을 향한 마음을 다 잡기가 어렵다.

이미 떠난 사람이지만 자꾸 떠오르는 것을 어쩔 수가 없다. 자기 자신이 밉고 떠난 사람에 대한 분노가 가시질 않는다.

돌이킬 수 없는 일이지만 자꾸 생각나고 후회의 마음이 끝없이 이어진다.

강의실에서 교수님 강의에 집중하려고 해도 어제 남자친구와 다툰 일이 자꾸 생각난다.

입학시험에서 첫 교시의 시험을 망친 것이 자꾸 떠오르고 머리를 떠나지 않아서 그 다음 시간의 시험도 제대로 치르지 못한다.

과민성장증후군으로 인해 모임에 갈 때면 혹시나 난처한 일이 생길까 걱정이 된다. 걱정할수록 증상은 심해지지만 걱정되는 마음을 멈출 수가 없다.

아기를 갖고 싶지만 임신이 되지 않아 스트레스를 받는다. 주변의 걱정도 부담된다. 마음이 편해야 몸도 편해져 임신이 잘 될 텐데 시간이 갈수록 마음은 자꾸 초조해지고 임신을 못하게 될까 하는 걱정이 늘 따라다닌다.

암 수술도 받고 항암치료도 잘 받았지만 재발하지는 않을지 다른 부위로 전이되지는 않을지 불안하다. 불안해하면 재발이나 전이가 안 일어난다면 모르지만, 오히려 불안으로 인한 스트레스로 재발이나 전이될 확률이 더 증가할 수 있다. 그럼에도 불구하고 불안한 마음을 떨칠 수가 없다.

어떤 경우에는 자신의 이해관계와는 무관한 것 같은 생각이 괜히 머릿속에서 반복되기도 한다. 어젯밤에 본 코미디 프로의 한 콩트가, 드라마의 한 대목이 마음속에서 수시로 떠오르기도 한다. 아침 출근길 라디오에서 들은 음악이 혹은 지하철을 기다리다가 전광판에서 본 광고의 장면과 CM송이 하루 종일 마음속에서 돌아가기도 한다.

왜 마음은
부정적인 생각을 많이 하나?

마음은 부정적인 생각을 많이 하는 경향이 있다. 이것은 진화의 산물이다. 우리 인간이 지구상에서 이렇게 많은 수로 살아갈 수 있게 된 이유 중의 하나에는 우리가 부정적인 생각을 많이 하는 경향도 포함된다.

나무로 된 다리를 건너가며 다리가 부서질 수도 있을 가능성을 생각하지 않고 그냥 건너다니던 원시인 조상은, 다리를 건너다가 다리가 부서져 장가나 시집을 가기 전에 죽었을 것이다. 즉 부정적 가능성을 생각하지 않는 원시인 조상의 유전자는 후대로 전해졌을 가능성이 적다. 그렇게 보면 우리는 부정적 가능성을 생각하고 조심했던 원시인 조상의 유전자를 물려받은 후손들이다.

이와는 달리 문화적 진화를 생각할 수도 있다. 부모나 집단의 선배들이 다리를 건너기 전에 조심하는 행동을 몸으로 보여 주고 가르치는 집단은 그렇지 않은 집단보다 생존할 확률이 높을 가능성이 있고, 이렇게 조심하는 행동은 문화적으로 이어질 수 있다.

미래에 대해 부정적인 예상을 할 수 있는 것은 미래의 부정적 사건에 대비하게 함으로써 부정적 상황을 피하거나 만났을 때도 더 잘 대처할 수 있도록 함으로써 생존 확률을 높여 준다.
과거의 잘못한 것, 실수한 것을 반추하면서 기억하는 것은 다음에 유사한 상황에서 잘못이나 실수를 반복하지 않게 함으로써 생존 확률을 높여 준다.

문제는 과유불급. 지나치면 문제가 된다. 부정적인 가능성을 예상하고 잘못한 것에 대해 반성하는 것을 적절히 하는 것은 필요하지만 지나치면 오히려 생활이 불편해진다.

명상은
주의 훈련이다

내 마음이 내 마음대로 되지 않는다는 것은 주의 선택이 마음대로 되지 않는다는 뜻이기도 하다. 어떤 정보를 선택해서 어떻게 처리할 것인가가 마음대로 되지 않는다는 것이다.

작업기억의 용량이 제한적이기 때문에 내 마음대로 되지 않는 생각들 몇 개만 작업기억으로 들어와도 마음은 내 마음대로 되지 않는 생각들로 100퍼센트 차 버리게 된다.

한 번 우울하면 마음이 온통 우울하고
한 번 불안하면 마음이 온통 불안하고
한 번 화가 나면 마음이 화로 가득 찬다.

명상은 주의 훈련이다.

주의를 스스로 조절하는 수행이다.

명상은 평소에 개입하는 욕구와 생각을 멈추는 훈련이다.

명상은 욕구와 생각을 개입시키지 않는 '순수한 주의'라는 특수한 형
태의 주의를 숙달하는 훈련이다.

명상을 통해 선입관으로부터 자유로워진다.

어떤 형태로든 자신을 변화시키고자 하는 사람은 명상의 주의 훈련이
도움이 될 것이다.

인간의 희로애락이 주의에 달려 있다.

명상은
순수한 주의다

우리는 감각기관을 통해 세계를 만난다. 시각, 청각, 촉각, 미각, 후각 등의 감각기관은 외부 환경으로부터 자극을 받는다. 이들 자극 중 일부만이 선택되어 우리의 의식으로 경험된다. 이때 주의 과정을 통해 이러한 선택이 이루어진다. 즉 주의 없이는 외부 자극은 의식으로 경험되지 않는다. 따라서 외부 환경 중 주의를 받은 일부만이 우리의 의식에 들어오는데, 의식에 들어온 자극은 관련된 욕구 체계와 인식 체계를 활성화하여 특정하게 해석되며, 이때 활성화된 욕구 체계와 인식 체계는 다시 다음 순간의 자극 선택에 영향을 주는 방식으로 정보처리의 순환고리를 형성하게 된다.

일반적으로 주의는 외부 세계뿐만 아니라 우리의 욕구 체계와 인식 체계에 의해 주도된다. 명상은 욕구 체계와 인식 체계의 작용을 멈추고 주의를 주는 것이다. 즉 하향처리를 멈추고 상향처리를 하는 것이다.

이와 같이 욕구 체계와 인식 체계를 동원하지 않고 주의를 주는 것이 '순수한 주의bare attention'다. 여기서 bare를 '순수한'이라고 번역하였지만 사실은 '맨손bare hands'이나 '맨발bare feet'이라고 할 때의 '맨'이라고 번역하여 'bare attention'을 '맨주의'라고 번역하는 것이 더 좋을지도 모르겠다. 장갑이나 신발을 신지 않은 손이나 발을 뜻할 때 맨손이나 맨발이라고 하듯이 순수한 주의는 욕구 체계나 인식 체계가 붙지 않은 주의를 뜻한다.

요컨대 일상생활에서의 주의는 욕구와 생각이 개입하는 주의라면 명상에서의 주의는 욕구와 생각이 개입하지 않는 순수한 주의다.

 마음챙김 명상 멘토링

능동적 주의 vs.
수동적 주의

일상의 정보처리는 정보처리의 대상을 변화시키고자 하는 의도에서 이루어진다는 점에서 능동적이다. 정보처리의 대상을 이해하려고 할 때도 그것은 정보처리의 대상에 영향을 주고자 하는 의도가 깔려 있다.

아무 것도 하지 않고 가만히 앉아서 책을 읽을 때에도 책에서 말하는 내용이 무엇인지 파악하고, 그것을 자신이 이미 알고 있는 지식과 비교해서 비판적으로 보기도 하고, 자신의 기존 지식에 통합하기도 한다. 이와 같이 우리의 정보처리는 대개가 능동적 주의 과정에 의해 이루어진다.

명상의 정보처리는 명상의 대상에 어떤 영향을 주거나 변화시키려고 하는 의도가 완전히 배제되어 있다는 점에서 수동적이다. 명상의 대상에 순수한 주의를 주고 그 결과를 경험할 뿐이다. 예컨대 호흡명상을 할 때는 단지 콧구멍 안쪽에 주의를 주고 그곳에서 경험되는 감각 경험을 느낄 뿐이다. 호흡의 방법을 바꾼다든지 해서 호흡의 경험을 변화시키고자 하는 의도는 전혀 들어 있지 않다. 호흡 감각을 분석하거나 기존의 경험과 비교하는 시도도 개입하지 않는다.

수동적 주의를 사용해야 명상 상태로 잘 들어갈 수 있게 된다. 따라서 역설적이게도 명상 상태에 들어가려는 노력을 내려놓을 때 명상 상태에 더 잘 들어갈 수 있다. 자발적으로 나타나는 집중명상 상태에서도 알 수 있듯이 명상 상태는 명상 상태에 들어가려고 애를 써야 들어가게 되는 것이 아니다. 밝은 곳에서 별을 보려고 애를 쓴다고 별이 보이는 것이 아니다. 불을 끄면 별이 보인다. 해가 지고 나면 별이 보인다.

집중명상 vs.
마음챙김 명상

오랜 옛날부터 일부 사람들은 일상의 욕구와 생각을 멈추고 고요히 깨어 있으면 마음이 평화로워지는 것을 알게 되었다. 이러한 마음상태를 유지하는 가운데 자신과 세상에 대한 새로운 통찰을 얻기도 했다. 명상에 대한 정의는 여러 가지가 있을 수 있으나, 이와 같이 일상의 욕구와 생각을 멈추고 고요히 깨어 있는 것을 명상이라고 정의할 수 있다.

명상에는 여러 종류가 있는데 크게 나누면 집중명상과 통찰명상으로 나눌 수 있으며 마음챙김 명상은 통찰명상에 속한다. 전형적으로 명상이라고 하면 집중명상을 의미하는데 집중의 대상에 따라 매우 다양한 방법의 집중명상이 있다. 마음챙김 명상은 일반적으로 집중명상 혹은 집중명상의 요소와 함께 수행되고 있다. 실제로 마음챙김 명상의 긍정적 효과의 상당 부분은 집중명상의 요소에서 온다.

집중명상과 마음챙김 명상 모두 주의 훈련이라고 할 수 있다. 여기서 말하는 주의는 순수한 주의로 욕구와 생각을 내려놓은 주의다. 다만 마음챙김 명상의 순수한 주의, 즉 **마음챙김은 '주의에 대한 순수한 주의'**로 **'순수한 상위주의'**다.

집중명상은 일반적으로 일상생활에서 벗어나 명상의 대상을 하나의 대상으로 제한하고 수행한다. 일상의 욕구나 생각과는 무관한 하나의 대상에 주의를 집중함으로써 그 대상과 마음을 일치시킨다. 집중명상은 일상생활을 하면서 수행하기도 하는데 이 경우에는 욕구나 생각을 내려놓고 현재 하고 있는 행위에만 전념하는 방식으로 수행한다.

집중명상은 욕구와 생각을 끊고 고요히 깨어 있음을 추구한다. 과거에는 욕구와 생각을 끊고 고요히 깨어 있기를 꾸준히 수행함으로써 신과 합일하는 체험을 얻거나 자기와 세계에 대한 통찰^{깨달음}을 얻고자 하였다. 현대에도 이러한 목적이 전혀 배제된 것은 아니지만 복잡한 현대생활에서 오는 스트레스로부터 벗어나 마음의 평화로움이나 행복감을 얻거나 질병을 치유하고자 하는 목적으로 집중명상을 하는 사람들도 많아졌다.

마음챙김 명상은 명상의 대상에 구애를 받지 않는다. 마음챙김 명상은 집중명상에서처럼 명상의 대상을 하나의 대상으로 제한하고 할 수도 있고, 그러한 제한 없이 일상의 욕구와 생각을 사용하면서도 수행할 수 있다. 다만 순수한 주의를 상위주의로 적용한다.

집중명상에서는 일상의 욕구나 생각과 무관한 하나의 대상에 순수한 주의를 100퍼센트 주는 것이 목표라면 마음챙김 명상에서는 어떤 처리를 하든 순수한 주의를 5퍼센트라도 떼어 놓고 그 처리에 상위주의를 적용한다. 이러한 순수한 상위주의는 자신이 무엇을 하고 있는가에 대한 '순수한 자각'을 수반한다.

행복하십니까?

우리는 누구나 고통을 피하고 행복해지고 싶어 한다. 모든 사람은 자신에게 고통을 가져오는 일은 하지 않으려고 하고 행복을 가져다주는 일을 하려고 한다.

인류는 그 시작부터 지금까지 고통을 피하고 행복을 얻기 위해 부단히 노력해 왔다. 그러나 지금의 사람들이 과거의 사람들보다 더 행복하다고 말할 수 있을까? 물질적으로는 더 풍요로워졌다. 그렇다고 현대인들이 더 행복해졌다고 말하기는 어려울 것이다. 공부를 많이 하고 아는 것도 더 많아졌다. 문맹률은 거의 제로에 가깝고 대학진학률은 이미 80퍼센트를 넘었다. 그래서 요즘 사람들이 더 행복해졌는가? 대학을 졸업해도 취업에 전전긍긍하고 있다. 취업을 하고도 과도한 업무와 인간관계로 스트레스를 받고 있다. 사회가 선진국화할수록 우울한 사람이 늘어난다는 보고도 있다.

그동안 사람들은 외부 환경의 변화를 통해 행복해지려고 했다. 좀 더 편리한 주거 시설, 교통 시설, 통신 시설 등을 개발해 왔다. 더운물과 찬물은 언제나 제공되고 난방과 냉방도 원하는 대로 된다. 비행기를 타고 지구 어느 곳이든 하루 안에 갈 수 있고, 언제 어디서나 누구와도 소통할 수 있다. 그러나 이러한 발전은 항상 잠시뿐의 행복을 준다. 새로운 발전은 이내 익숙해지고 새로운 불편이 발생한다. 마셔도 마셔도 갈증은 해소되지 않고 더욱 더 목말라질 뿐이다.

명상은 외부 환경보다는 내부 환경에 초점을 두고 행복을 추구한다. 우리가 경험하는 고통과 행복의 원인 혹은 조건을 밖보다는 안, 즉 우리 자신에서 찾으려고 한다.

우리는 자신의 욕구가 충족될 때 행복하고 욕구가 좌절될 때 고통을 경험한다. 또한 자신의 욕구가 충족될 것으로 예상될 때 행복하고 욕구가 좌절될 것으로 예상될 때 고통스럽다. 우리는 일반적으로 자신이 품고 있는 욕구에 대해서는 당연시하고 욕구의 좌절과 좌절예상을 피하고 이고(離苦) 욕구의 충족과 충족예상을 추구한다 득락(得樂). 그렇다면 우리가 당연시하고 있는 그 욕구는 어떤 것인가? 정말 우리가 진심으로 원하는 욕구인가? 우리의 욕구는 그 욕구에 대한 우리의 인식을 반영하고 있다. 명상은 우리의 욕구와 인식을 돌아보게 해준다. 이 과정은 자연스럽게 우리 자신, 즉 '나'에 대한 새로운 통찰을 가져다준다.

애너 퀸들런은 자신의 책 『어느 날 문득 발견한 행복』에서 자신의 아버지로부터 온 엽서에 적힌 다음과 같은 문장을 소개하고 있다. 아래에서 '쥐 경주rat race'란 영어에서 현대의 극심한 생존경쟁의 삶을 비유적으로 표현하는 말이다.

"If you win the rat race, you are still a rat."
쥐 경주에서 일등을 한다고 해도 여전히 쥐일 뿐이다.

왜 지금
명상일까

요즘 명상이 많이 보급되고 있다. 무엇보다 마음의 평화와 신체의 건강을 위해 명상을 하는 사람들이 많아졌으며 일부에서는 질병 치유를 위해서도 명상을 하고 있다. 명상이 일반인들에게는 좋게 보면 신비적이고 나쁘게 보면 뭔가 비현실적이거나 비과학적인 것으로 인식되어 온 점이 없지 않았다. 그러나 최근 들어 명상이 몸과 마음에 주는 긍정적 기능에 대한 과학적 증거가 꾸준히 늘고 있다. 이와 함께 과도한 경쟁 속에서 살아가며 많은 스트레스를 받고 있는 현대인들에게 몸과 마음의 건강을 위한 방법으로 명상이 보급되기 시작한 것이다.

명상이 스트레스 호르몬을 감소시켜 주고, 면역계를 강화시킨다는 것이 과학적으로 밝혀지고 있다. 특히 스트레스로 인한 과도한 교감신경의 흥분을 가라앉히고 부교감신경의 활성화를 촉진하여 스트레스를 감소시키는 데 명상이 탁월한 효과가 있는 것으로 나타났다. 명상을 장기간 수행한 사람은 암세포를 제거하는 기능을 하는 자연살해세포natural killer cells의 활성도가 큰 것으로 나타나기도 했다.

명상이 좌측 전전두엽prefrontal cortex의 활성화를 가져오는 것도 관찰되었는데, 일반적으로 우측 전전두엽의 활동이 많은 사람은 부정적 심리 경향성을 가지고 있고, 좌측 전전두엽의 활동이 많은 사람은 더 몰입하고, 더 많은 흥미를 가지고, 더 잘 이완하고, 더 행복한 경향이 있는 것으로 알려져 있다.

명상은 불안, 우울, 주의 결핍 등의 심리적 장애의 치료에도 도움이 되고, 고혈압, 심장 질환, 과민성장증후군, 식도역류증, 건선피부염의 일종, 아토피 등의 신체적 질환의 치료에도 도움이 되며 만성적인 통증의 관리에도 효과가 있는 것으로 밝혀지고 있다. 명상이 암의 진행을 늦추거나 치료에도 도움이 된다는 보고도 나오고 있다. 실제로 미국에서는 대체의학의 대두와 함께 병원이나 일반 클리닉에서 명상이 심리적 및 신체적 질환의 치료에 적용되고 있다.

한편 갈수록 물질 중심적으로 돌아가는 현대 사회를 살아가면서 현대인들의 정신적이고 영적인 것에 대한 갈망은 반동적으로 더 커졌고, 이것이 명상에 대한 관심을 일으키게 하고 있다. 정신적이고 영적인 추구는 과거에는 주로 종교를 통해 이루어졌으나, 합리적 사고의 경향이 강한 현대인들의 경우에 믿음이 전제되는 비합리적인 교의가 걸림이 되어 종교에 귀의하기 어려울 수 있다. 명상이 종교적 맥락에서 발전한 것은 사실이지만, 현재 많이 보급되는 명상은 종교적 색채를 띠지 않고 신비적 경향성을 많이 벗은 형태로 보급되고 있다. 이렇듯 명상은 특정한 믿음 없이 개인적인 수행을 통해 자기 자신에 대한 통찰을 얻고 스스로를 변화시킬 수 있으며 삶의 의미를 발견할 수 있게 하기 때문에 현대인들에게 선호되고 있다. 또한 종교인의 경우에도 명상을 통해 종교적 체험을 심화시킬 수 있기 때문에 명상 수행에 대한 관심이 증가하고 있다.

제2장

나를
100퍼센트
내려놓기

-

집중명상이란 무엇인가

집중명상은 욕구와 생각을 내려놓는 연습이다. 욕구와 생각
은 어떻게 내려놓나? 욕구와 생각이 개입할 필요가 없는 감각
에 주의를 집중함으로써 욕구와 생각을 내려놓는다. 욕구와
생각을 내려놓음으로써 마음을 비운다. 고요하되 깨어 있으
며 깨어 있되 고요하다.

집중명상은 우리에게 마음의 평화와 고요한 기쁨을 준다. 새
로운 차원의 '나'로 존재하게 해준다.

명상은
생각하는 것이 아니다

명상이 무엇이냐고 물어 보면 조용히 앉아서 생각하는 것이라고 답하는 사람들이 의외로 많다. 우리말 사전에도 '눈을 감고 고요히 생각함. 또는 그런 생각'^{민중 엣센스 국어사전}이라고 적혀 있다. 영어권에서도 명상에 해당하는 meditation의 사전적 정의를 보면 조용히 깊게 생각하는 것으로 되어 있다 'the practice of thinking deeply in silence, especially for religious reasons or in order to make your mind calm' 또는 'serious thoughts on a particular subject that somebody writes down or speaks' — Oxford 영영사전.

그러나 명상은 생각하는 것이 아니다. 오히려 생각을 그치는 것이 명상이다. 명상은 한자로 冥想 혹은 瞑想이라고 표기하는데, 冥은 '어둡다'는 뜻이고 瞑은 '눈을 감다'는 뜻이다. 따라서 해석하기에 따라서는 명상은 눈을 감고 생각하는 것이라고 할 수도 있으나 '생각을 어둡게 한다, 즉 생각을 그친다'라고도 할 수 있다. 실제 수행되는 명상의 뜻으로는 후자가 옳다.

정확하게 기술하면 명상은 단지 생각만을 멈추는 것이 아니다. 욕구도 멈춘다. 적어도 명상을 하는 동안에는 자신이 가지고 있는 욕구도 내려놓고 생각도 그치고 마음을 비운 상태로 있는 것이다. 다만 욕구와 생각을 그친다고 해서 자거나 멍청한 상태로 있는 것이 아니라 또렷이 깨어 있도록 하는 것이다. 따라서 '명상이란 욕구와 생각을 내려놓고 또렷이 깨어 있는 것이다.'라고 정의할 수 있다.

참고로 일상생활에서는 '생각'이라는 표현에 욕구가 포함되는 경우가 많다. 예컨대, '밥 먹을 생각이 없다.', '그 일을 할 생각이 없다.' 등의 표현에서 '생각'이란 욕구를 나타낸다고 할 수 있다. 이렇게 보면 생각에는 일반적인 의미의 생각 외에 욕구가 포함되므로 그냥 '명상이란 생각을 내려놓고 또렷이 깨어 있는 것이다.'라고 해도 무방하다.

명상은
멍청해지는 것이 아니다

명상에서 욕구와 생각을 내려놓는다고 해서 의식을 잃고 졸도해 있는 것은 아니다.

잠을 자는 것도 명상은 아니다.

잠에서도 우리는 꿈을 꾼다.

잠에서도 우리의 마음은 온전하게 쉬지 못한다. 다음 날 예정된 면접이나 발표를 불안해하거나 세금 낼 걱정을 하거나 퇴직 후의 생활을 걱정하며 뒤숭숭한 꿈으로 마음을 어지럽힌다.

명상은 욕구와 생각을 내려놓되 또렷하게 깨어 있는 것이다.

욕구 없이 깨어 있음.

생각 없이 깨어 있음.

간택심 싫고 좋은 것을 가리는 마음 없이 깨어 있음.

비판단적으로 nonjudgmentally, 즉 판단 없이 깨어 있음.

이것이 명상이다.

또렷이 깨어 있되 욕구와 생각이 내려놓아진 상태를 동양에서는 성성
적적 惺惺寂寂이라는 말로 표현했다.
만약 깨어 있는데 이런저런 욕구와 생각으로 마음이 가득 차 있다면
이런 상태는 성성성성 惺惺惺惺이라고 하겠다.
또 고요하되 깨어 있지 못하고 졸고 있거나 멍한 상태로 있다면 이런
상태는 적적적적 寂寂寂寂이라고 하겠다.

명상은
쉬는 것이다

명상은 휴식이다.

욕구를 내려놓는 휴식이다.

생각을 내려놓는 휴식이다.

일반적으로 휴식이라 함은 일을 하다가 쉰다는 개념이다.

일이란 바느질이든, 땅을 파는 일이든, 집을 짓는 일이든, 공부든, 세일즈든 특정한 목적을 달성하려는 의도를 가지고 적극적으로 하는 행위다.

일상생활에서 우리는 온전하게 쉬지 못한다.

일하다가 휴식을 취한다고 할 때도 몸은 아무 것도 하지 않고 쉬고 있는지 몰라도 욕구와 생각까지 쉬지는 못한다.

쉬면서도 목표를 이룰 수 있을까 앞날을 걱정하기도 하고, 이런 지겨운 일을 언제나 벗어날 수 있을까 하는 생각을 하기도 한다.

사람들로부터 비난받거나 웃음거리가 되지 않으려고 전전긍긍하기도 하고, 사람들의 인정과 사랑을 받기 위해 알게 모르게 과도하게 노력하기도 한다.

이미 지나간 일을 떠올리며 자신의 실수를 자책하거나 자신에게 피해를 준 사람을 원망하기도 한다.

일어나지도 않을 일을 미리 걱정하며 마음을 졸이기도 한다.

아무 일도 하지 않고 있지만 쉬지 못하고 있다.

온전하게 쉰다는 것은 몸과 마음 모두 쉬는 것이다.

행위를 멈추고 몸만 쉬는 것이 아니라 욕구와 생각을 멈추고 마음까지 쉬는 것이다.

명상은 휴식이다.

명상은 욕구와 생각을 쉬는 것이다. 멈추는 것이다. 전기 스위치를 끄듯이 욕구와 생각의 스위치를 잠시 끄는 것이다.

욕구와 생각이 멈추면 원망, 자책, 분노의 불은 꺼지고 만다.

욕구와 생각이 멈추면 걱정, 근심, 고민은 지지대를 잃고 만다.

적어도 명상하는 동안만이라도 어떤 형태의 것이든 욕구와 생각을 끊고 고요히 깨어 있는 것이다.

　　　　　　　　　　　　　　마음챙김 명상 멘토링

영점으로
돌아가기 ■

일상생활에서 어찌 욕구와 생각을 내려놓고만 살 수 있는가.
그러나 하루 중에 짬짬이, 안 되면 한두 번만이라도 욕구와 생각을 내려놓는 시간을 갖자.

저울이 제대로 기능하기 위해서는 영점을 정확하게 유지할 수 있어야 한다. 좋은 저울은 물건을 올려놓으면 물건의 무게를 바르게 가리키고, 물건을 내려놓으면 다시 원래의 영점으로 정확하게 돌아갈 수 있어야 한다.

저울이란 물건의 무게를 재기 위해 있는 것이고 물건의 무게를 재고

■　　저울의 영점 비유는 숭산 스님의 설법에 나온다. Seung Sahn(1982). *Only don't know*. Rhode Island: Primary Point Press.

난 다음에는 물건을 내려놓아야 한다.

사람도 살아가기 위해 욕구와 생각을 쓸 수밖에 없지만 욕구와 생각을 쓰고 난 다음에는 내려놓을 수 있어야 한다.

하루 중에 한두 번 만이라도 욕구와 생각을 내려놓는 시간을 갖는 것은 욕구와 생각을 잘 쓰기 위해서도 필요하다.

명상을 통해 몸과 마음에 휴식을 제공한다면 마음이 차분해지고 몸이 편안해지는 평화를 경험할 수 있고 이것은 다시 삶의 원동력이 될 것이다.

욕구와 생각이 시도 때도 없이 우리의 의지와 관계없이 돌아간다면 욕구와 생각은 과열 상태에 있게 되고 효율적으로 작용하지 못하고 통제에서 벗어나게 될 것이다. 그 결과는 몸과 마음의 건강을 잃는 것이다.

명상은
뺄셈 공부다

노자의 『도덕경』 48장에 다음과 같은 말이 나온다. ▪

위학일익 爲學日益

위도일손 爲道日損

학문을 하는 것은 날마다 더하는 것이요,

도를 닦는 것은 날마다 덜어 내는 것이다.

▪   참고로 노자의 『도덕경』 48장 전문을 소개하면 다음과 같다.
爲學日益 爲道日損 損之又損 以至於無爲 無爲而無不爲 取天下 常以無事 及其有事 不足以
取天下
학문을 하는 것은 날마다 더하는 것이요, 도를 닦는 것은 날마다 덜어 내는 것이다. 덜어 내고
덜어 내어 마침내 무위에 이르면 하지 않아도 못함이 없다. 세상은 언제나 무위로써만 얻게 된
다. 일을 꾸미면 세상을 얻을 수 없다.

학교에서뿐만 아니라 일상생활 속에서 우리는 날마다 새로운 것을 배운다. 이 과정에서 지식이라고 불리는 것만 느는 것이 아니라 선입관과 편견도 늘어난다. 또한 아는 것이 늘어나면서 자꾸 새롭게 욕구가 분화되고 증가하게 된다. 이와 같이 일상의 경험은 우리에게 인식 체계와 욕구 체계를 강화함으로써 현상을 있는 그대로 보지 못하게 할 수 있다.

명상을 한다는 것은 바로 도를 닦는 것이다. 명상을 통해 욕구와 생각을 덜어 내는 훈련을 하는 것이다. 창에 쌓인 먼지를 닦아 내듯 욕구와 생각을 닦아 내다 보면 인식 체계와 욕구 체계를 떠나서 자기 자신과 세상을 투명하게 보게 되는 것이다. 욕구와 생각의 색안경을 벗고 자기 자신과 세계를 보는 것이다.

살면서 욕구와 생각을 쓰지 않을 수는 없다. 그러나 욕구와 생각을 현명하게 사용하기 위해서도 욕구와 생각을 넘어설 수 있어야 한다.

셈을 잘하기 위해서는 덧셈도 필요하지만 뺄셈도 필요하다. 우리의 삶도 덧셈 공부만이 아니라 뺄셈 공부도 필요하다.

 마음챙김 명상 멘토링

어두울 때
더 잘 보인다

우리는 일반적으로 새롭게 배움으로써 세상을 잘 이해하게 된다고 알고 있다. 그런데 명상에서는 배운 것을 내려놓고 생각을 하지 않는다고 하니 그러다가 바보가 되는 것이 아닌가 걱정하는 사람도 있을 수 있겠다.

우리는 배운 것이 많아야, 아는 것이 많아야 똑똑하다고 생각한다. 지식을 많이 쌓아야 현명하게 생각하고 판단한다고 믿는다. 그러나 지식이 많다고 해서 지혜로운 것은 아니다. 오히려 아는 것이 많아서 제대로 보지 못하고 번뇌가 많을 수도 있다.

유럽의 중세 시대에 학자들은 이성을 빛에 비유하기도 했다. 빛이 비치면 어둠이 걷히고 세상이 밝게 드러나듯이 이성의 빛을 비추면 어리석음이 사라지고 분명하게 알게 된다는 것이다.

그러나 빛이 밝으면 잘 보이지 않는 것도 있다. 영롱한 별빛은 밝은 해가 지고 난 다음에 잘 보인다. 구름 한 점 없이 햇빛이 환하게 비치는 날 고개를 들어 하늘을 보라. 그냥 푸른 하늘만 보일 뿐이다. 그러나 그곳에 여전히 별들은 존재한다. 다만 밝은 햇빛에 가려 보이지 않을 뿐이다. 별들은 어두울 때 더 잘 보인다.

앞에서 명상冥想의 글자 풀이를 하면서 명冥이 어둡다는 의미임을 언급했었다. 생각의 빛이 어두워질 때 생각의 빛으로 인해 보이지 않던 것들이 드러나는 것이다. 욕구와 생각으로 마음이 꽉 차 있을 때는 보이지 않던 자신의 진면목, 세상의 진면목이 드러날 수 있다.

진리가 너희를
자유롭게 하리라

사대원무주 四大元無主

오온본래공 五蘊本來空

장두임백인 將頭臨白刃

유사참춘풍 猶似斬春風

사대▪는 원래 주인이 없고

오온▪도 본래 공하다.

▪ 사대四大란 지수화풍地水火風으로 우리 몸의 구성 요소를 말한다. 우리 몸을 표현할 때 사대육신四大六身이라는 말을 사용하기도 하는데 이때 육신六身은 팔왼팔, 오른팔, 다리왼다리, 오른다리, 머리, 몸뚱이를 말한다. 참고로 몸이 아플 때 '삭신이 쑤신다'는 표현을 쓰는데, 이때 '삭신'은 '사대육신'에서 나온 말이라고 한다.

▪ 오온五蘊은 몸과 마음을 오분五分한 것으로 색수상행식色受想行識을 말한다. 색色은 물질, 즉 몸을 말하며, 수상행식受想行識은 마음의 구성 요소로 수受는 감각, 지각을, 상想은 개념 구성, 생각을, 행行은 의지, 기억을, 식識은 순수의식을 뜻한다.

칼날이 내 머리 내리치겠지만
오히려 봄바람을 베는 것 같으리라.

위의 글은 승조법사^{383~414}의 임종게^{臨終偈}다. 왕이 그에게 재상이 되어 자신을 도와 달라고 환속을 요청했으나 거부했다. 그 결과 미움을 받아 31살의 젊은 나이로 죽임을 당하게 되었던 것이다. 망나니의 칼에 목이 뎅겅 잘리는 순간에도 칼이 목을 베는 것이 봄바람을 베는 것과 같다고 읊는 여유! 칼이 봄바람을 베려고 해도 봄바람은 벨 수 없고 변함이 없는 것처럼 자신의 본래 자리도 원래 공하여 칼로 벨 수 없고 변함이 없음을 드러낸다고 할 수 있다.

승조법사는 중국의 위진남북조 시대의 스님으로 당시의 유명한 역경가 구마라습^{344~413} 스님의 수제자였다고 한다. 그는 부처님의 10대 제자 가운데 수보리처럼 해공제일^{解空第一}이라 불리었다. 공^空의 이해에 있어서 최고였다는 것이다.

사대와 오온은 우리의 몸과 마음을 구성하는 요소들이다. 승조법사는 이러한 요소들의 공^空함을 철저하게 깨달았기 때문에 죽음의 순간에도 전혀 두렵지 않을 수 있었을 것이다.

죽음으로부터도 자유롭다면 세상 무엇에 걸림이 있겠는가. 성경은 '진리가 너희를 자유롭게 하리라.'라고 가르치고 있다. 나 자신에 대해 바르게 알게 된다면 걸림이 없는 대자유인이 될 수 있을 것이다.

이러한 진리의 깨달음은 배워서 아는 앎, 덧셈의 공부로 알게 되는 앎이 아니다. 오히려 배운 것을 덜어 내는 뺄셈의 공부를 통해 드러나는 앎이다. 기독교에서 신이 인간에게 드러내 보이는 계시revelation는 인간의 알음알이로, 이성으로 알 수 있는 것이 아니다. 개인적인 욕망과 알음알이로 가득 찬 마음에는 이러한 계시가 나타날 수 없을 것이다. 명상은 바로 뺄셈의 공부를 통해, 마음의 비움을 통해 진리에 접근하려는 것이다.

So Far So Good! —
지금-여기 살기

스트레스받는 사람들의 대표적 특징은 '반추rumination'다.
이미 벌어진 일에 대해 곱씹고 또 곱씹는다.
혹은 아직 벌어지지 않은 일에 대해 곱씹고 또 곱씹는다.

아침에 아는 사람이 인사를 받지 않고 지나간 일에 대해 하루 종일 생각한다. 왜 그랬을까? 나를 무시하나? 뭐 그렇게 형편없는 사람이 다 있나! 내가 그렇게 한심한가? 내가 뭘 잘못했나? 등등.
생각할수록 기분은 처지고 그럴수록 살면서 안 좋았던 경험들이 밀려오면서 우울한 기분에 빠질 수도 있다. 혹은 생각할수록 기분이 나빠져서 억울하게 무시받았던 기억들이 새록새록 떠오르며 강한 분노감에 휩싸일 수도 있다. 이럴 때는 미래에 대해서도 부정적으로 그림을 그리게 되어 기분이 더욱 부정적으로 된다.

명상은 지금-여기 사는 훈련이기도 하다.

호흡할 때는 호흡만 한다.

샤워할 때는 샤워만 한다.

이 닦을 때는 이만 닦는다.

걸을 때는 걷기만 한다.

공부할 때는 공부만 한다.

오직 할 뿐.

이렇게 사는 사람은 63빌딩에서 떨어져도 땅에 부딪히기 전까지는,
마치 스카이다이빙을 하는 사람처럼 'So far so good!'이라고 말할
수 있는 사람일 것이다. ■

이런 사람에게 삶과 죽음이 어떤 장애가 되겠는가.

한 물결 일어나고 한 물결 사라진 것이고

구름 하나 일어나고 구름 하나 사라진 것이지 않겠는가.

부러울 따름이다.

■　　2000년대 초 어느 토론회 자리에서 소개된 곽노순 목사의 비유에 나온다.

자발적으로 일어나는
집중명상 상태

자주는 아니더라도 우리 자신의 경험을 돌아보면 일상의 욕구나 생각 없이 깨어 있었던 적이 있음을 알 수 있다.

바닷가에서 해가 지면서 만들어 내는 노을을 보았을 때, 길을 가다가 이름 모를 들꽃을 무심히 바라볼 때 우리는 생각을 잊고 자연의 아름다운 광경에 집중하게 된다.

계곡에 앉아 아무런 잡념 없이 무심히 물소리에 몰입되기도 한다.

아름다운 음악에 빠져 생각을 잊는 경우도 있다.

십자수를 놓는 행위에 몰입되어 생각을 잊기도 하며, 찰흙으로 그릇을 빚으며 무념 상태에 있기도 한다.

집안의 가구를 전부 들어내어 다시 배치하거나 빨랫감을 끌어 모아 손빨래 하는 일에 몰입해서, 남편이 속상하게 한 일이나 자식이 속 썩인 일 등 모든 생각을 잊어버리기도 한다.

조깅을 하다가 규칙적인 다리의 움직임에 몰입되면서 어느덧 생각이 끊어지고 기분 좋은 경험을 하기도 한다.
휴일에 문득 놀이터에서 노는 아이들의 모습을 물끄러미 바라보다가 마음이 지극히 평화로워지는 경험을 하기도 한다.

이런 경험들은 우리가 일상생활에서 자발적으로, 즉 비의도적으로 일어나는 집중명상의 상태라고 할 수 있다. 이런 경험을 할 때 우리는 마음이 편안해지고 평화로워지는 것을 알 수 있다.

이렇게 생활 속에서 자발적으로 집중명상의 상태에 있게 될 때 평화로움을 느낀다는 것은 평소에 우리가 '잔류 스트레스'나 '진행 스트레스' 상태에 있음을 반증하는 것이다. 이렇게 집중명상의 상태에 있을 때 일시적이나마 일상의 욕구와 생각이 내려놓아지면서 잔류 스트레스나 진행 스트레스로부터 벗어나 평화를 경험하게 되는 것이다. 다시 말해서 평소에는 자신도 잘 의식하지 못하는 가운데 이런저런 욕구와 생각이 작동하고 있어서 욕구가 좌절 혹은 좌절예상의 상태^즉 스트레스에 있거나, 이미 스트레스 사건이 종료되었어도 스트레스가 잔류한 상태로 남아 있는 것이다. 예를 들어 마음에 들지 않는 사람과 일을 하고 있을 때 스트레스가 진행 중이다. 일을 끝내고 나면 마음에 스트레스의 여진이 잔류한다. 이런 날은 집에 와서도 가족들에게 쉽게 짜증을 내게 된다. 평소에 알게 모르게 이런저런 미래에 대한 걱정

또는 이미 지난 일에 대한 후회, 자책 등으로 마음을 무겁게 하고 있
는 것이다.

언제 어느 곳에서든 의도적으로 이러한 명상 상태에 들어갈 수 있다
면, 단지 스트레스를 푸는 것이 목적이라면, 굳이 따로 명상을 배우지
않아도 될 것이다. 그렇지 않다면 명상을 배우는 것이 도움이 될 것이
다. 혹시 빨래를 하거나 가구를 옮기는 일을 할 때는 언제나 명상 상태
에 들어갈 수 있다고 해도 밖에서 스트레스받는 일이 있을 때 마음을
다스리기 위해 빨래를 하거나 가구를 옮길 수는 없을 것이다. 스트레
스의 근본적인 원인을 해결하지 않는 한 스트레스로부터 자유로워질
수는 없을 것이다.

보통 사람들의
명상

명상을 통해 대자유인이 될 수 있다. 예로부터 명상은 인생과 우주의 궁극적 진리를 깨닫고 해탈, 대자유를 얻기 위해 수행되었다. 그렇다면 대자유인이 되고자 하는 거창한 소망을 갖지 않는 보통 사람에게는 명상이 무관한 것인가? 그렇지는 않다. 매일의 생활에서 크고 작게 경험하는 스트레스로부터 조금 더 자유롭고 조금 더 건강하고 사람들과의 관계에서 조금 더 행복하기를 바라는 평범한 소망을 갖는 사람들에게도 명상은 도움이 된다.

심리학적 용어로 표현하면 명상의 효과는 전부全部 아니면 전무全無의 실무율all-or-none적이기보다는 점진적이라고 할 수 있다. 명상은 하는 만큼 효과가 있는 것이다.

일상생활을 영위하는 보통 사람으로 대자유인까지 바라지는 않는다

해도 일상에서 조금 더 자유롭고 조금 더 행복해지고 조금 더 건강해
지고자 소망하는 것은 큰 욕심이 아닐 것이다.

하루에 한두 번만이라도 명상을 통해 일상의 욕구와 생각을 내려놓
으며 마음의 영점을 잡고, 휴식을 취하면 자신과 자신의 삶을 좀 더
명료하게 보게 될 것이다. 조금 덜 집착하게 되고 조금 더 심신이 재
충전되고 일에 집중할 수 있을 것이며 사람들과 편하게 지낼 수 있을
것이다.

신비주의를 경계함

명상, 특히 집중명상을 한 장소에서 강도 높게 지속적으로 하는 경우에 때로 신비체험을 할 수 있다. 우주와 자신이 하나가 되는 체험을 할 수도 있다. 하느님의 음성을 듣거나 황금빛 속의 성모 마리아나 관세음보살을 볼 수도 있고 천국과 같은 아름다운 정원에 머물다 올 수도 있다. 전생이 보이거나 미래가 보일 수도 있다.

신비체험은 당사자에게 매우 강렬한 긍정적 정서를 수반하는 경우가 많기 때문에 자신의 경험에 대해 강한 확신을 갖게 된다. 이러한 경험은 명상 수행을 지속하게 하거나, 종교적 바탕에서 명상을 하는 경우에는 종교에 대한 믿음을 깊게 해주는 긍정적 기여를 할 수 있다.

그러나 신비체험은 격려되지 않는 것이 좋다. 신비체험은 깊은 몰입 상태에서 나타나는 것이기는 하지만 몰입이 깊어진다고 해서 모든 사람에게 나타나는 것은 아니며 그것이 인격적 혹은 영적 성장을 뜻하는 것도 아니다. 신비체험으로 스스로 깊은 경지에 갔다고 믿거나 신비체험을 수행의 목표로 삼고 신비체험을 하기 위해 애쓰는 것은 결코 바람직하지 않다.

역사적으로도 그랬고, 현재도 신비체험으로 스스로를 교조화하거나 종교적 도그마를 편집적으로 맹신하여 인격적으로도 퇴보하고 사회적 물의까지 일으키는 경우가 종종 있어 왔다. 이러한 명상의 부작용은 일부에서 명상 자체에 대한 억제를 가져오기도 했다. 특히 신비체험의 부작용은 기독교에서 명상 수행의 전통을 약화시키게 한 것으로 보인다.

신비체험의 부작용이 있기는 하지만 명상 자체를 금지할 필요는 없을 것이다. 서양 속담에 '아기를 목욕시키고 물을 버릴 때는 목욕물만 버리지 아기까지 버리지는 말라.'는 말이 있다. 우리 속담에는 '구더기 무서워 장 못 담그랴.'는 말도 있다. 한때 우리나라에서는 무슨 문제만 발생하면 금지하곤 했다. 예를 들면 과거에 중·고등학교에서 수학여행 가던 버스가 전복하여 학생들이 사망하는 사고가 발생하면 수학여행 자체를 금지하기도 했다. 번거롭더라도 버스 정비를 강화하고, 탑승 정원이 초과하지 않도록 하는 등의 보완 대책을 통해 수학여행을 좀 더 안전하게 만들고 학생들이 즐거운 여행을 할 수 있도록 하는 것이 더 바람직한 대안이었을 것이다. 학문을 하든 운동을 하든 명상을 하든 인간이 하는 대부분의 행위에 부작용이 있을 수 있지만 잘 사용하면 유익함이 더 많은 것이다.

 마음챙김 명상 멘토링

불교에서는 비교적 명상적 전통이 잘 유지되어 왔는데, 여기에는 명상을 지도하는 스승들이 신비체험에 대해 엄격한 입장을 취한 것이 일조를 한 것으로 짐작된다. 제자가 명상을 하다가 신비한 체험을 보고하면 스승은 칭찬하기보다는 그런 것에 집착하지 말고 계속 수행하라고 가르친다. 심지어 과거를 보거나 미래를 보는 능력이 생겨도 "네가 무당이 되려고 이 공부하느냐!"고 경책하며 그런 것은 무시하고 수행에 매진하도록 한다.

욕구와 생각을 내려놓는 집중명상이 깊어지면서 일상생활에서 욕심이 줄고 편견과 선입관을 내려놓게 된다면 매우 바람직한 일이다. 그러나 깊은 삼매 상태에서 일시적으로 나타나는 신비체험에 집착하게 되면 오히려 자만심이나 편견만 깊어지고 수행이 퇴보할 수 있다.

명상에서 나타날 수 있는 신비체험의 부작용에 대해 언급했다고 해서 명상을 너무 겁낼 필요는 없다. 신비체험은 특정한 대상에 대해 고도로 집중할 때 나타날 수 있는 것이며, 아무에게나 나타나는 것도 아니다. 또한 신비체험을 한다고 해도 그것 자체가 문제가 되기보다는 그것에 대한 태도가 더 문제인 것이므로, 명상에 대한 바른 자세만 가지고 있으면 신비체험도 크게 문제가 되는 것은 아니다. 다만 경험이 많은 지도자 없이 혼자 장기간 집중적으로 특정한 집중명상을 수행하는 것은 바람직하지 않다고 생각된다.

마음챙김 명상은 집중명상처럼 특정한 대상에 집중하여 몰입하기보
다는 깨어서 객관적 관찰을 하는 훈련이므로 특별한 신비체험을 경
험하는 일은 많지 않을 것이다. 설사 어떤 신비체험이 있더라도 마음
챙김의 자세로 그것을 관찰할 수 있으면 그것도 수행에 도움이 될 것
이다.

욕구와 생각을
어떻게 내려놓나

집중명상은 일상의 욕구와 생각을 끊고 고요히 깨어 있음을 추구한다. 욕구와 생각을 멈추면 마음이 평화로워지고 신체적으로도 치유 효과가 발생한다. 그런데 욕구와 생각을 어떻게 멈추는가? 간혹 자발적으로 일어나는 집중명상의 상태를 체험하기도 하지만 그러한 상태를 의도적으로 만들어 내는 것은 쉽지 않다. 욕구와 생각을 멈추는 것이 쉽지 않기 때문이다.

지금부터 이 책을 읽는 것을 멈추고 단 1분만이라도 생각을 멈추어 보라.

… 1분 생각 멈추기 실습 …

아마 여러분이 보통의 사람이라면 단 1분 동안 생각을 멈추는 일도 거의 불가능에 가까운 일처럼 느껴질 것이다. 욕구와 생각이라는 것이 안 하려고 하면 할수록 더 떠오르는 경향이 있다. 심리학에서는 이것을 정신역설효과mental irony effect라고 하는데, 나는 이것을 '북극곰 효과'라고 좀 재미있게 부르기도 한다.

예를 들어 지금부터 1분 동안만 하얀 북극곰을 생각하지 말라고 주문한다면 과연 몇 사람이나 성공할까? 생각하지 않으려고 하면 할수록 머릿속에서 북극곰은 콜라병까지 들고 더 기세 좋게 몸을 흔들지도 모른다. 혹은 지구온난화로 무너져 내린 빙하 조각에 난처한 모습으로 서성이는 북극곰이 떠오를지도 모른다. 만약 북극곰을 생각하지 말아 달라는 말을 듣지 않았다면? 아마도 대부분의 사람들은 1분이 아니라 1시간이 지나도 북극곰을 생각하지 않았을 것이다.

안 하려고 하면 할수록 더 하고 싶은 것이 사람의 마음이다. 북극곰을 생각하지 말아야 한다는 생각이 오히려 마음에 자꾸 북극곰을 떠올리는 것이다. 그러면 어떻게 해야 하는가? 북극곰을 생각하지 않으려고 하면 북극곰을 생각하지 않는 데 실패하지만, 북극곰과 관련 없는 것에 주의를 주면 북극곰을 생각하지 않는 데 성공할 수 있다. 아울러 북극곰을 생각하지 않겠다는 생각을 내려놓는 것이 필요하다.

그러면 일상의 욕구와 생각을 내려놓기 위해 어떻게 해야 하는가? 일상의 욕구 및 생각과 무관한 것에 주의를 주면 된다. 일반적으로 한 가지 감각에 주의집중하고자 하는 동기^{욕구}만 유지하면서 그 감각에만 주의를 주고 주의집중의 대상과 하나가 되도록 하는 것이다.

주의는 일종의 제로섬 게임^{zero-sum game}이다. 주의는 정신 자원이라고 하는 유한한 자원을 분배하는 것이다. 따라서 어떤 처리에 더 많은 주의가 주어지면 다른 처리에는 더 적은 주의가 주어질 수밖에 없다. 따라서 특정 처리를 원하지 않는 경우에 그 처리를 하지 않으려고 하면 정신역설효과로 더 많은 주의가 주어지지만, 그 처리를 하지 않겠다는 욕구와 생각을 내려놓고 다른 처리를 하면 원하지 않는 처리에 주의가 가지 않게 되는 것이다.

이러한 기제는 명상이 갖는 질병 치유의 기제와 관련해서 매우 중요하다. 현대인을 괴롭히는 대부분의 질병이 우리의 마음 자세와 깊은 관련을 갖는다. 질병의 발병도 그러하지만 질병의 지속 혹은 악화에 우리의 마음 자세가 지대한 영향을 끼친다. IBS 과민성장증후군의 경우, 사람들이 많이 모이는 자리 예: 회의, 영화관, 버스나 전철 등에서 설사가 나지나 않을까 걱정하는 마음이 설사를 일으킨다. 긴장할 때 화장실에 가고 싶은 경험을 해본 사람들은 잘 알 것이다. 유방암 치료를 받았지만 혹시 재발하지 않을까 걱정하는 마음이 스트레스가 되어 오히려 암의 전이를 가져오기 쉬울 수 있다.

쉬는 것도
연습이 필요하다

피겨 스케이트 선수 김연아의 연기를 보면, 비보이들의 공연을 보면, 무예의 달인들이 펼치는 시범을 보면 인간의 몸으로 나타낼 수 있는 무한한 가능성에 놀라게 된다. 때로 TV 프로그램 〈생활의 달인〉에 등장하는 '달인'이 보여 주는 일상적이지만 고도로 전문적인 동작을 볼 때 그 신기한 재능에 감탄하게 된다.

몸으로 나타내는 고도의 기술은 물론 하루아침에 이루어진 것이 아니다. 오랜 시간 동안 집중적으로 훈련에 훈련을 거듭하여 이루어진 결과다.

욕구와 생각을 내려놓으면서도 또렷이 깨어 있는 상태를 유지하는 것은 쉬운 일이 아니다. 성성성성惺惺惺惺도 아니고 적적적적寂寂寂寂도 아닌 성성적적惺惺寂寂의 상태는 그냥 얻어지는 것이 아니다. 레몬이 입에 들어가면 침이 분비되듯이 자동으로 이루어지는 것이 아니다. 몸과 마음 모두 온전하게 쉬는 것에도 훈련이 필요하다.

제3장

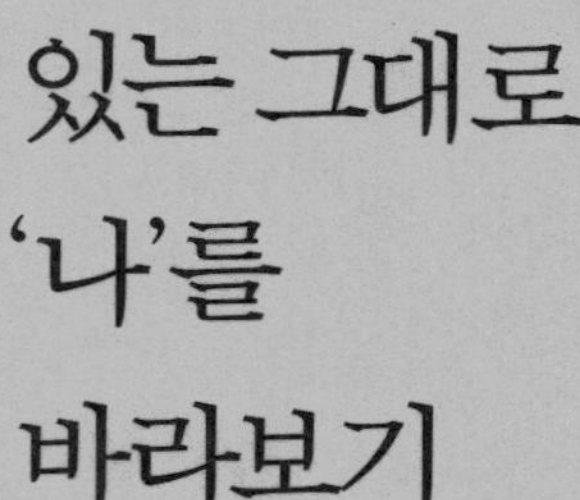

있는 그대로
'나'를
바라보기

–

마음챙김 명상이란 무엇인가

마음챙김은 자기 자신에 대한 철저한 객관적 바라봄이다. 지금-여기서 자신이 무엇을 하고 있는가를 순수하게 바라보는 것이다. 무엇을 한다는 것은 주의를 준다는 것이다. 가만히 앉아서 호흡을 느낄 때도 호흡에 주의를 주는 행위를 하는 것이다. 따라서 마음챙김은 자신의 주의에 주의를 주는 상위주의다.

일상생활에서 욕구와 생각을 동원하는 주의를 사용해도, 약간의 주의를 남겨 일상생활의 행위에 욕구와 생각이 붙지 않은 순수한 주의를 주는 것이다. 욕구와 생각을 동원하지 않는 집중명상을 할 때도, 약간의 주의를 남겨 집중명상의 행위에 욕구와 생각이 붙지 않은 순수한 주의를 준다.

마음챙김은 있는 그대로의 '나'를 직면하고 알게 해주며 새로운 차원의 '나'를 자각하게 해준다.

마음챙김은 의식경험을
떨어져서 보는 순수한 주의다

마음챙김 명상의 주의, 즉 마음챙김은 욕구와 생각을 내려놓은 순수한 주의다. 이 점에서 마음챙김은 집중명상의 주의와 같다.

마음챙김은 상위주의다. 주의에 대한 주의다. 이 점에서 마음챙김은 집중명상의 주의와 다르다. 집중명상의 주의는 순수한 주의일 뿐 주의에 대한 주의는 아니다.

결국 마음챙김은 순수한 상위주의로서 순수한 상위알아차림을 수반한다. 순수한 상위알아차림은 자신이 지금-여기서 무엇을 하고 있는가에 대한 순수한 자각이다.

마음챙김의 핵심은 자기객관화다. 자신이 지금-여기서 무엇을 하고 있는가를 떨어져서 지켜보는 객관적 자기인식을 갖는 것이다. '집중명상'에서는 일상의 욕구와 생각을 내려놓고 감각에만 집중한다. 하지만 일상의 욕구와 생각을 내려놓은 것만으로는 거리가 생기지 않는다.

항상 자신을 떨어져서 지켜보는 마음챙김, 즉 순수한 자각을 유지하는 것이 마음챙김 명상이다.

마음챙김은 마음에서 일어나는 어떠한 현상이든 떨어져서 순수한 주의를 적용하는 것이다. 점진적으로 마음챙김을 통해 자기 자신에 대한 통찰과 변화가 함께 이루어지게 된다.

초연한
관찰

마음챙김은 객관적 관찰이며 객관적 관찰이란 초연한 관찰^{detached} observation이다.

초연한 관찰이란 관찰 대상을 가리지 않고 있는 그대로 받아들이고 관찰하는 것이다.

'이래야 한다, 저래야 한다'의 욕구와 생각 없이 관찰하는 것이다. 집착 없이 관찰하는 것이다.

고통스러운 것이라고 해서 싫어하거나 억압하거나 회피하지 않고 수용하고 관찰하는 것이다.

즐거운 것이라고 해서 좋아하거나 끌려가거나 쫓아가지 않고 있는 그대로 관찰하는 것이다.

마음챙김은
밖이 아니라 안을 보는 것이다

마음챙김은 밖을 보는 것이 아니다.

마음챙김은 안을 보는 것이다.

마음의 현상, 즉 의식경험을 보는 것이다.

마음의 현상을 이루는 요소들을 보는 것이다.

눈앞에 어떤 색깔과 모습이 보인다면 그 색깔과 모습은 이미 마음의
현상이다.

밖에서 어떤 빛 에너지가 눈의 각막을 통해 망막에 영향을 주고 그것
이 뇌의 뒤쪽에 있는 시각피질에서 작업한 전기화학적 결과가 특정한
색깔과 모습이라는 감각으로 보이는 것이다.

눈앞에 색깔과 모습을 일으키는 특정한 에너지는 있어도 색깔과 모습
은 없다.

색깔과 모습은 우리 마음에만 있다.

밖에서 소리가 들린다면 그 소리는 이미 마음의 현상이다.

밖에서 어떤 물리적 에너지가 고막에 영향을 주고 그것이 내이의 이소골을 움직이고 와우각을 통해 뇌의 청각중추에서 작업한 전기화학적인 결과가 특정한 소리라는 감각으로 들리는 것이다.

밖에 소리를 일으키는 특정한 에너지는 있어도 소리는 없다.

소리는 우리 마음에만 있다.

소리를 들으며 그 소리를 시끄럽다고 느끼는 것은 조용히 있고 싶다는 동기가 좌절되어 싫어하는 정서가 일어난 것이다.

동시에 '누가 저런 시끄러운 소리를 내는가.', '복도를 지나갈 때는 조용히 지나가는 것이 예의 아닌가.' 등의 생각이 일어난다면 인지가 일어난 것이다.

'좀 조용히 지나가면 좋겠다.' 혹은 '나가서 한마디 할까.' 등의 생각이 일어난다면 동기가 일어난 것이다.

이 모두가 마음의 현상, 즉 의식경험이다.

감각, 인지, 정서, 욕구, 행동 모두 마음의 현상이다.

마음챙김은 마음의 현상을 보는 것이다.

소리 감각을, 화나는 정서를, 관련된 인지와 동기를, 행동을 바라보는 것이다.

자신이 이런저런 감각을 느끼고 있음을, 이런저런 정서를 느끼고 있음을, 이런저런 생각을 하고 있음을, 이런저런 욕구를 내고 있음을, 이런저런 행동을 하고 있음을 떨어져서 보는 것이다.

젊은 여성의 아름다운 다리에
눈길이 가면

길을 가다가 젊은 여성의 아름다운 다리에 눈길이 가면 아름다운 다리
만 보지 말고 자신이 아름다운 다리를 보고 있음을 보라.
그것이 마음챙김이다.

얼마나 아름다운지만 볼 것이 아니라 그때 마음에 어떤 욕구, 생각, 정
서 등이 오고 가는지를 보라.
그것이 마음챙김이다.

이때 '이런 경박한 행동을 하다니….'라고 자책하는 생각이 든다면
'경박한 행동을 했다는 판단을 하고 있구나.' 하고 그 자책하는 마음
을 객관적으로 보라.
그것이 마음챙김이다.

외부 상황에 마음이 움직였을 때 외부 상황만이 아니라 마음도 볼 수 있도록 하자.
그것이 마음챙김이다.

싫어하는 사람과 자리를 함께하게 되었을 때 그 사람이 얼마나 마음에 안 드는 모습을 하고 있고 얼마나 불쾌한 행동을 하는지에만 주의를 주지 말고 자신의 마음을 고요히 비춰 본다. 자신이 그 사람을 어떻게 싫어하고 있는지, 지금-여기서 자신의 마음이 어떻게 움직이고 있는지 자신의 마음을 가만히 지켜본다.

좋아하는 사람과 자리를 함께하게 되었을 때 그 사람이 얼마나 마음에 드는 모습을 하고 있고 얼마나 사랑스러운 행동을 하는지에만 주의를 주지 말고 자신의 마음을 고요히 비춰 본다. 자신이 그 사람을 어떻게 좋아하고 있는지, 지금-여기서 자신의 마음이 어떻게 움직이고 있는지 자신의 마음을 가만히 지켜본다.

연필을 보려면
무엇이 필요한가

밖이 아니라 안을 본다고 해서 모두 마음챙김은 아니다.

마음챙김에서 마음의 현상을 본다는 것은 마음의 현상을 떨어져서 본
다는 것이다.

눈앞의 연필을 보려면 무엇이 필요한가?

눈앞에 연필이 있어야 할 것이다.

빛이 있어야 할 것이다.

보는 사람이 있어야 할 것이다.

그래야 눈앞의 연필을 본다는 것이 가능할 것이다.

그런데 이러한 조건 외에 한 가지가 더 필요하다.

그것은 바로 거리다. 공간이다.

눈앞의 연필과 보는 사람 사이에 적당한 거리가 있어야 볼 수 있다.

만약에 연필이 보는 사람의 눈에 붙어 있다면, 눈앞에 연필이 있고 빛
도 있지만 볼 수 있겠는가?

마음의 현상을 본다는 것도 마찬가지다.
마음의 현상도 어느 정도 거리를 두어야 제대로 볼 수 있다.

사물이 멀리 있으면 보이지 않으므로 사물을 보기 위해서 가까이 가야
한다고 생각하지만, 정작 사물이 너무 가까이 있으면 보이지 않는다.
사물이 눈에 바짝 붙어 버리면 볼 수 없지 않은가. 사물을 보기 위해서
는 '거리'가 필요하다. 적당하게 떨어져야 사물이 제대로 보인다.

마음챙김은 의식경험에 거리를 두고 떨어져서 바라보는 것이다.
자신이 지금 무엇을 하고 있는지 제대로 알기 위해서는 자신을 떨어져
서 볼 수 있어야 한다.

마음의 여유 공간
넓히기

마음챙김은 마음의 여유 공간을 확대하는 것이다.

자극이 곧바로 동기-인지를 활성화시키지 않도록 혹은 활성화되는
동기-인지가 곧바로 행동으로 이어지지 않도록 마음의 방을 만든다.

마음의 공간을 만든다.

마음의 여유 공간이 넓어지면 삶의 자유가 증진된다.
과거의 습관적 반응으로부터 자유로울 수 있게 된다.

그것이 인지적 반응이든 행동적 반응이든, 아주 어린 시절까지 거슬러
올라가는 오래전에 형성된 것이든 최근에 형성된 것이든

마음챙김을 시작할 때 과거의 습관적 반응으로부터 자유로울 수 있는
가능성이 생기기 시작한다.

자기객관화 ―
거울처럼 비춰 줌

마음 현상의 원인을 분석하거나 추론하는 것은 마음챙김이 아니다.

마음챙김은 마음의 현상을 거울처럼 비춰 주는 것이다.
욕구는 욕구대로, 생각은 생각대로, 정서는 정서대로, 감각은 감각대로, 행위는 행위대로 그대로 비춰 주는 것이다.

거울처럼 마음의 현상을 아무런 것도 넣거나 빼지 않고, 왜곡하지 않고 있는 그대로 드러내는 것이다.

감각이든, 정서든, 인지든, 동기든, 행동이든 이렇다 저렇다는 판단 없이, 좋다 싫다는 분별 없이 단지 있는 그대로 인식하는 것이다. 알아차림하는 것이다.

일반적 처리 vs. 상위처리

아는 사람이 인사를 받지 않고 지나간다.

왜 인사를 안 받고 지나갔을까?

나를 무시하나?

나를 싫어하나?

내가 뭘 잘못했나?

뭐 저런 사람이 다 있나?

무례하군!

다시는 인사하나 봐라!

아는 사람에게 인사를 했는데 인사를 안 받고 지나가는 모습을 본다거나 그 후에 이런저런 생각을 하는 것은 마음의 일반적 처리라고 할 수 있다. 일반적 처리를 더 세분하면 전자는 사실적 처리고 후자는 추론적/판단적/평가적 처리다.

아는 사람이 인사를 안 받고 지나가는 것을 보고 있구나.

'왜 인사를 안 받고 지나갔을까?'라는 생각을 하고 있구나.

'나를 무시하나?'라는 생각을 하고 있구나.

'나를 싫어하나?'라는 생각을 하고 있구나.

'내가 뭘 잘못했나?'라고 생각하고 있구나.

'뭐 저런 사람이 다 있나?'라는 생각을 하고 있구나.

'무례하군!'이라는 생각을 하고 있구나.

'다시는 인사하나 봐라!'라는 생각을 하고 있구나.

이렇게 비춰 보는 것은 마음의 일반적 처리에 대한 처리, 즉 상위처리 meta-processing다. 마음챙김은 바로 상위처리다. 사실적 처리를 하면 사실적 처리를 하는 줄 알고, 추론적/판단적/평가적 처리를 하면 추론적/판단적/평가적 처리를 하는 줄 아는 것이 마음챙김이다.

이렇게 비춰 보다가 문득 이런 생각을 하는 자신이 안쓰러워 보이면 안쓰럽게 보고 있음을 비춰 본다.

혹은 이렇게 복잡하게 생각을 하고 있는 자신이 객관화되면서 스스로 우스워 보이면 스스로를 우스워하고 있음을 비춰 본다.

이렇게 비춰 보는 것은 마음의 일반적 처리에 대한 상위처리며 욕구－ 생각이 붙지 않기 때문에 순수한 상위처리다.

마음챙김은 순수한 상위처리다.

신경증적 주의,
신경증적 알아차림

자신의 안을 바라보는 상위주의라고 해서 모두 마음챙김은 아니다. 욕구와 생각을 내려놓은 순수한 주의면서 자신의 안을 바라보는 주의여야 마음챙김이다. 자신의 안을 바라보는 주의더라도 욕구와 생각이 개입하는 주의는 마음챙김이 아니다.

자신의 안에 대한 판단적/추론적/평가적 주의는 욕구와 생각이 개입하는 상위주의에 속하는데, 그중에는 건강하지 못하고 병적인 주의도 있어서 차라리 '신경증적 주의neurotic attention'라고 부르는 것이 더 적절한 경우도 있다.

예를 들어, 발표불안의 경우 상위주의가 개입하지만 병적인 상위주의여서 신경증적 주의라고 부르는 것이 더 적절하다. 발표불안을 느끼지 않는 사람들은 발표할 때 자신의 의식경험에 별로 주의를 주지 않는다. 하고 싶은 얘기에 주의를 주고, 가능하면 청중의 반응을 살펴 가며 이해를 높이려고 흥미를 자아내려고 한다. 그러나 발표불안을 느끼는 사람들은 자신의 의식경험에 주의를 준다. 즉 상위주의를 준다. 상위 주의의 결과 상위알아차림이 수반한다. 발표를 하려고 하면 불안해서 심장이 쿵쾅거리는 소리를 느낀다. 손에 땀이 나는 것을 느낀다. 발표를 시작하면 목소리가 떨리는 것이 느껴진다. 얼굴이 빨갛게 되는 것이 느껴진다.

문제는 이러한 신체적 변화의 경험을 있는 그대로 바라보는 것이 아니라 자신의 욕구와 생각으로 바라본다는 것이다. 심장이 쿵쾅거리면 안 되는데, 손에 땀이 나면 안 되는데, 목소리가 떨리면 안 되는데, 얼굴이 빨갛게 되면 안 되는데 등 특정한 욕구를 가지고 신체 변화를 판단하면서 바라본다. 이것은 자신의 경험에 대한 주의이므로 상위주의라고 할 수 있지만 욕구와 생각을 내려놓은 초연한, 즉 순수한 주의가 아니므로 마음챙김이 아니다. 수반하는 알아차림 역시 순수한 상위알아차림이 아니다. 이런 경우는 신경증적 알아차림이라고 부를 수 있을 것이다. 신경증적 주의를 줄 때는 그러한 신경증적 주의를 주고 있음을 알아차림한다.

마음챙김은 자신의 내면에 대한 객관적 관찰이다. 내면에 대한 관찰이라고 해서 모두 마음챙김은 아니고 오히려 병적인 경우도 있다. 자신의 행동을 하나하나 의식하기 시작하면 오히려 평소에 잘하던 것도 잘

못하게 된다. 이럴 때의 자기관찰은 건강한 것이 아니라 병적인 것이라고 해야 할 것이다. 마음챙김은 특정한 욕구나 생각이 붙지 않은 순수한 관찰이며 객관적 관찰이다.

알아차림 vs. 상위알아차림

주의를 주면 의식 혹은 알아차림이 수반한다. 주의와 의식 혹은 알아차림은 서로 다르지만, 떼어 놓고 생각할 수 없다. 주의가 주어졌다고 해서 항상 의식 혹은 알아차림이 수반하는 것은 아니다. 어느 정도 이상의 주의가 주어져야만 의식 혹은 알아차림이 수반한다. 역으로 의식 혹은 알아차림은 주의 없이는 불가능하다. 의식 혹은 알아차림이 있다는 것은 주의가 주어졌음을 뜻한다.

일반적 주의를 주면 일반적 알아차림이 수반한다.

순수한 주의를 주면 순수한 알아차림이 수반한다.

상위주의를 주면 상위알아차림이 수반한다.

상위주의에서의 주의가 일반적 주의이면 일반적 상위알아차림이 수반한다.

상위주의에서의 주의가 순수한 주의이면 순수한 상위알아차림이 수반한다.

집중명상의 주의는 순수한 주의로 순수한 알아차림이 수반한다.
마음챙김 명상의 주의는 마음챙김, 즉 순수한 상위주의로 순수한 상위
알아차림이 수반한다.

우리가 일상적으로 경험하는 의식경험, 즉 알아차림은 일반적 주의에
따른 일반적 알아차림이다. 상위알아차림의 경우에도 대체로 판단이
개입한다. 자신의 의식경험에 대해 옳다, 그르다 혹은 좋다, 싫다 등의
판단을 한다.

마음챙김 명상에서는 마음챙김이라는 상위주의가 작용하므로 수반하
는 알아차림 역시 상위알아차림이다.

초여름, 필자가 근무하고 있는 우이동의 대학 캠퍼스 내에 있는 테니
스 코트에서 테니스를 치고 연구실로 돌아오는 길에 잔디밭에서 바라
보는 북한산과 하늘!
북한산의 짙은 녹음, 푸른 하늘과 흰 구름이 만들어 내는 광경!
잠시 걸음을 멈추고 가만히 올려다본다.
그 광경, 그 감각을 내 마음 가득 온전히 경험한다. 알아차림한다.
그러나 여기에 자신이 이렇게 보고 있음에 대한 순수한 알아차림이 없

다면, 자신의 상태에 대한 비춰봄이 없다면, 마음챙김은 없는 것이며,
순수한 상위알아차림, 순수한 상위의식경험은 없는 것이다.
마음챙김할 때만, 그때만 자신이 무엇 _{감각 알아차림}을 하고 있는지에 대
한 알아차림 _{순수한 상위알아차림}을 할 수 있다.

뽀송뽀송한 주의 vs.
끈적끈적한 주의

마음챙김은 '뽀송뽀송한 주의'다. 욕구와 생각이 붙지 않은 뽀송뽀송한 주의다. 반면에 일반적인 주의는 어떠한 형태든 욕구와 생각이 붙은 '끈적끈적한 주의'다. 혹시 긍정적인 욕구와 생각이 붙은 경우에는 '촉촉한 주의'라는 말을 붙일 수 있을지도 모르지만, 그렇다고 아무것도 붙지 않은 뽀송뽀송한 주의는 아니다.

특히 마음챙김이 자신을 돌아보는 것이라고 해도 돌아보는 과정에서 관련된 욕구, 생각, 정서 등이 나타날 때 그것을 마음챙김으로 오해하지 않는 것이 좋다. 예를 들어 어린 시절의 경험이 떠오르면서 어렸을 때의 자신에 대한 연민이 일어날 수 있는데, 이러한 연민은 마음챙김이 아니다. 이것은 의식에 떠오른 어린 시절의 경험에 대한 판단 작용에 의해 발생한 것으로 어린 시절의 기억에 대해 끈적끈적한 주의를 준 것이다. 이런 경우에는 연민의 마음에 대해 순수한 주의를 주어

'연민의 마음이 드는구나.' 하고 순수한 알아차림을 하는 것이 바로 뽀송뽀송한 주의고 뽀송뽀송한 알아차림이다. 마음챙김은 마음에서 어떤 현상이 나타나도 욕구나 생각을 붙이지 않고 그것을 있는 그대로 알아차림하는 것이다.

받아들이면
변한다

마음챙김은 욕구와 생각을 내려놓고 있는 그대로 관찰하는 것이므로 주어진 상황이나 현상을 변화시키려고 하는 것이 아니라 있는 그대로 받아들이는 것이다. 즉 수용은 마음챙김에 내포된 특성이다.

욕구와 생각을 내려놓음으로 해서 상황이나 현상을 새롭게 보게 된다. 평소에는 상황이나 현상 자체보다는 욕구와 생각이 혼합된 상황이나 현상을 경험하고 있었는데 욕구와 생각을 내려놓음으로 해서 상황이나 현상이 새롭게 보이는 것이다.

역설적이게도 상황이나 현상을 변화시키려고 하지 않고 있는 그대로 받아들이는 수용을 통해 상황이나 현상을 새롭게 경험하게 된다. 즉 주어진 상황이나 현상을 변화시키고자 하는 욕구를 내려놓고 수용할 때 우리가 경험하는 상황이나 현상이 변화하는 것이다.

발표할 때 얼굴이 빨개지고, 심장이 빨리 뛰고, 말을 더듬는 등의 발표불안 증상이 나타날 때 얼굴이 빨개지면 안 되고, 심장이 빨리 뛰면 안 되고, 말을 더듬으면 안 된다는 욕구를 쥐고 있으면 발표불안 증상은 더 심해진다. 발표불안 증상을 두려워하기 때문에 더 불안해지고 불안 증상은 더 심해지는 것이다. 오히려 발표불안 증상에 대한 욕구와 생각을 내려놓고 발표불안으로 나타나는 몸의 반응을 수용하고 있는 그대로 바라보면 발표불안 증상이 줄어든다.

참고적으로 마음챙김의 초기에는 마음챙김의 대상을 언어적으로 표현하는 것이 도움이 될 수 있다. '얼굴이 빨개지고 있구나.', '심장이 빨리 뛰고 있구나.', '말을 더듬고 있구나.', '이러면 안 된다는 생각을 하고 있구나.' 등으로 언어적으로 표현해 주면 마음챙김의 대상으로부터 거리가 확보되고 자신을 떨어져서 보는 것이 좀 더 쉬워질 수 있다.

마음챙김의 수용이 가져오는 이러한 역설적 효과는 우리가 경험하는 인간관계에서의 스트레스, 몸에서 경험하는 통증, 참을 수 없을 것 같은 아토피의 가려움, 불안, 두려움, 분노 등 우리가 회피하고 싶고 변화시키고 싶어 하는 대부분의 부정적 상황이나 현상에 대해서도 마찬가지로 적용된다.

'에서' 보기 vs. '을/를' 보기

마음챙김은 마음'에서' 보는 것이 아니라 마음'을' 보는 것이다.

마음에 동기, 인지, 정서, 감각, 행동 등이 나타난다.
마음이 욕구하고, 생각하고, 느끼고, 감각하고, 행동한다.

특히 습관적인 욕구, 생각, 정서, 감각, 행동을 잘 주시하라.
어떤 상황에서 어떤 욕구, 생각, 정서, 감각, 행동을 일으키는지를
보라.
상황만 보지 말고 상황에 접해서 어떤 욕구, 생각, 정서, 감각, 행동이
일어나는지를 보라.
무엇을 욕구하고 생각하고 느끼고 감각하고 어떻게 행동하는지 잘 알
아차림하라.

마음속에 있을 때는 마음을 보지 못한다.

욕구, 생각, 정서, 감각, 행동 속에 있을 때는 그 욕구, 생각, 정서, 감각, 행동을 보지 못한다.

알아차림은 있어도 상위알아차림은 없다.

마음 한 곳에서라도 마음챙김, 즉 욕구와 생각이 붙지 않은 순수한 주의를 유지하고 있으면 마음에서 일어나고 사라지는 욕구와 생각을 볼 수 있다. 알 수 있다.

욕구나 생각이 일어날 때 마음챙김, 즉 욕구와 생각이 붙지 않은 순수한 주의를 주면 그 욕구나 생각을 볼 수 있다.

'나도 날씬해지고 싶다.'

'나는 왜 이렇게 한심한가.'

'저 사람은 참 나쁘구나.'

'왜 내 마음을 몰라주나.'

'왜 자기 멋대로 하는 거야.'

…….

욕구와 생각 속에 있을 때 욕구와 생각을 볼 수 없다.

마음챙김이 있을 때, 마음 위에서 마음을 볼 때

이런저런 욕구와 생각이 일어나고 사라지는 것을 본다.

어떤 욕구와 생각이 일어나고 사라지는지 안다.

알아차림은 주의에 수반하는 것이기 때문에 주의의 양에 비례해서 명료도가 달라진다. 주의가 많이 주어지면 알아차림도 분명해진다.

화가 났을 때 화가 났음을 알고 있다. 누군가 물어보면 화가 났다고 말할 수 있다. 그러나 화를 내고 있음 자체를 초연하게 바라보고 있는가? 화 속이 아니라 화 밖에서 화를 보고 있는가? 화 속에 있을 때도 화가 났음을 알지만, 그때는 화'에서' 자신과 세상을 보고 있는 것이다. 일반적으로 우리는 화'를', 화의 상태'를' 상세히 객관적으로 보기보다는 화로 나타난 욕구 좌절에 대한 반응으로 화의 대상에 대한 응징의 욕구와 그 욕구의 충족을 위한 전략적 사고에 주의가 동원되고 있다. 알아차림이 마음 안에 갇혀 있다고 할 수 있다. 화를 마음챙김한다고 할 때는 마치 밖에서 보듯이 화를 보는 것이다.

우리는 불안하거나, 우울하거나, 화가 날 때, 스스로 불안하다고, 우울하다고, 화가 난다고 의식하고, 즉 알아차림하고 있다. 그러나 이러한 의식 혹은 알아차림은 불안, 우울 혹은 화 안에서의 알아차림이다. 즉 정서에 매몰된 상태다. 불안, 우울 혹은 화 밖에서의 알아차림이 아니다.

'아, 괴로워!'라고 속으로 외치고 있다면 괴로움을 알아차림하고 있는 것이다.

이때 우리는 괴로움 속에서 우리 자신과 세상을 보고 있는 것이다.

'괴로워하고 있구나.'라고 있는 그대로 보고 있다면 괴로워하고 있음에 대한 알아차림, 즉 순수한 상위알아차림을 하고 있는 것이다.

이때 우리는 괴로움 밖에서 괴로움을 보고 있는 것이다.

동시 자기객관화 vs. 지연 자기객관화

마음챙김만이 자기객관화의 방법은 아니다. 자기 자신이나 자신의 문제에 대해 일기나 에세이를 쓰는 방식으로 글로 표현함으로써 자기를 객관화할 수 있다. 혹은 상담 장면이나 가까운 사람과의 대화에서 말로 자기 자신이나 자신의 문제를 표현함으로써 자기를 객관적으로 볼 수 있다. 하지만 이것은 이미 과거에 일어난 일에 대해 돌아보는 지연된 자기객관화다. 또한 기본적으로 언어적이고 분석적으로 돌아보는 자기객관화다.

반면에 마음챙김은 즉시적으로 자기객관화를 하는 것이며 비언어적이고 비분석적이고 직접적으로 이루어지는 자기객관화다. 문제가 일어나는 상황에서 자신이 느끼고 생각하고 행동하는 즉시적 시점에서 동시적으로, 즉 그러한 처리와 병렬적parallel으로 자기객관화를 하는 것이다.

마음챙김이 뛰어난 점은 이와 같이 일이 일어나는 지금-여기에서 바로 객관화가 가능하다는 것이다. 이러한 자기객관화는 상황에 대한 직면이다. 특히 어려운 상황을 회피하는 것이 아니라 정면으로 바라보는 것이다. 이러한 직면을 통해 어렵지만 직면해서 바로 볼 수 있음을 알게 됨으로써 회피욕구가 감소하고 자신감과 통제감이 증가하게 된다. 머리로, 언어적이고 분석적으로 이해하는 것이 아니라 온 몸과 마음으로 받아들이는 것이다.

최고의 상담가는
바로 나 자신

상담이나 심리 치료에서 치료에 기여하는 중요한 기제는 바로 경청이다. 경청은 내담자의 이야기에 대해 이런저런 잣대로 평가하고 비판하지 않고 있는 그대로 들어 주는 것이다.

사람들은 자신의 내면에 가치나 규준 등을 가지고 있어서 자기 내면의 욕구나 생각 중에 이러한 가치나 규준에 맞지 않는 것이 있으면 스스로 검열하고 비판한다. 결과적으로 사람들은 자기 자신의 내면을 잘 모르는 경우가 많고 정도의 차이는 있지만 스스로 억압하고 있는 부분을 가지고 있다. 마음의 억압된 부분이 커서 마음의 다른 부분들과 갈등을 일으키는 경우에 현상적으로 심리적 문제를 경험하게 된다.

유능한 치료자나 상담가는 각자 주로 사용하는 치료나 상담의 기법이 조금씩 다르더라도 기본적으로 내담자의 이야기를 경청한다. 내담자는 자신의 문제와 관련해서 어떠한 검열이나 비판 없이 드러내고 말할 수 있게 격려하는 환경에서 자신을 있는 그대로 나타낼 수 있게 됨으로써 자신의 문제와 상황을 객관적으로 보는 것이 가능해진다.

마음챙김은 자기 자신이 자기 자신에 대해 평가나 비판을 하지 않고 말없이 들어 주는 경청이다. 우리는 스스로에 대해서도 이렇게 저렇게 평가하고 비판한다. 스스로에 대해 억압도 하고 부정도 한다. 마음챙김의 이러한 경청, 즉 비판단적non-judgmental 듣기를 통해 자신을 객관적으로 드러내고 볼 수 있게 된다.
이렇게 볼 때 마음챙김 명상은 자가 치료self-therapy 혹은 자가 상담self-counselling이라고도 부를 수 있다.

마음챙김은 말없이 자신의 얘기를 들어 주는 자기 안의 상담가라고 할 수 있다. 마음챙김을 한다는 것은 상담을 받고 있는 것이라고도 할 수 있다. 상담가와 상담하며 자신의 이야기를 풀어내면서 자기객관화를 하듯이 마음챙김을 통해 일상생활의 삶이 모두 자기객관화되는 것이다.

비판단적 경청을 통해 억압, 부정, 회피하던 부분이 드러날 수 있게 된다. 아울러 욕구와 생각을 내려놓은 주의인 마음챙김으로 바라보면 억압, 부정, 회피하던 부분에 대한 이해, 관용 혹은 인내력이라고 부를 수 있는 톨레랑스가 증가된다. 한마디로 이제는 억압, 부정, 회피하지 않고도 의식에 놓고 볼 수 있는 것이다.

꾸준한 마음챙김 명상을 통해 자기를 객관화하는 힘과 기술을 증진시킨다. 내담자의 어떤 얘기나 태도에 대해서도 자신의 판단을 개입하지 않고 거울처럼 비춰 줄 수 있는 유능한 상담가의 내공과도 같은 마음챙김의 힘과 기술을 증진시킨다. 자신의 의식경험에 대해, 그것이 좋은 것이든 나쁜 것이든 억압, 부정, 회피하지 않고 지켜보는 힘과 기술을 양성한다. 자기연민이나 자기비판 없이 담담하게 자신의 삶을 객관적으로 보는 힘과 기술을 양성한다. 자신의 욕구와 생각을 내려놓고 바라보는 마음챙김의 힘과 기술을 양성한다.

마음챙김 명상은 자기 자신을 수용하는 힘, 톨레랑스의 힘을 기르는
것이다. 스스로를 바라보는 힘, 객관적으로 관찰하는 힘을 기르는 것
이다.

개인이나 사회나 건강함의 한 특징은 내부적으로 서로의 다름에 대한
톨레랑스가 크다는 것이다. 한마디로 너그러운 사람, 너그러운 사회라
고 할 수 있다.

상태를 드러내야
치료한다

마음챙김은 왜곡 없이 있는 그대로 직면하는 것이다.

우울이 싫으니까 회피하려고 술이나 잠으로 해결하는 경우가 많다.
이는 우울의 정서 상태를 회피하는 것이다.

마음챙김은 우울을 있는 그대로 보는 것이다.
마음챙김은 우울에 대해 욕구와 생각을 내려놓은 순수한 주의를 주는
것이다.

이렇게 마음챙김을 통해 우울을 직면하는 것은 스스로를 우울에 그대
로 노출하는 것이기도 하다.
일종의 노출법 치료가 이루어진다.

덩어리로 보지
않는다

『금강경』에서 '약견제상비상 즉견여래若見諸相非相 卽見如來'라고 하였다.
'모든 모습에서 모습 아님을 볼 수 있으면 여래를 보게 되리라.' 는 뜻
이다. 여기서 여래如來란 부처의 또 다른 명칭으로, 진리라고 해도 좋
을 것이다. 우리는 물을 물로 보고, 산을 산으로 보고, 개는 개로, 고양
이는 고양이로 본다. 불안은 불안으로, 우울은 우울로, 분노는 분노로
느낀다.

우리가 경험하는 대상, 우리가 경험하는 현상에는 이미 우리의 마음
이, 우리의 욕구와 생각이 버무려져 있다. 자신의 욕구 체계와 인식 체
계에 따라 대상이나 현상을 각색해서 받아들인다. 이렇게 우리가 경험
하는 대상이나 현상은 대상이나 현상 자체가 아니라 우리의 욕구와 생
각이 뭉쳐진 덩어리다. 마음챙김은 욕구와 생각을 멈추고 있는 그대로
대상이나 현상을 직시하는 것이다. 우리의 경험을 마음챙김하면, 즉

욕구와 생각을 내려놓고 직시하면 욕구와 인식의 접착제가 떨어지면 서 덩어리가 해체되고 대상이나 현상의 구성 요소들이 드러난다.

우리는 어떤 덩어리에는 끌려가고 어떤 덩어리는 피하려고 한다. 그래 서 귀여운 강아지를 안고 싶어 하고 징그러운 벌레를 멀리하고 싶어 한다. 즐거움과 재미를 찾고 불안과 우울을 피하려고 한다. 그러나 마 음챙김은 쫓아가거나 쫓아내지 않고 회피하지도 않으며 있는 그대로 바라보는 것이다.

우울할 때 우울을 가만히 지켜본다. 우울을 덩어리로 보지 않고 낱낱 이 본다. 우울할 때 몸의 어떤 부위에서 어떤 감각이 느껴지는지, 정 서적으로는 어떤 느낌인지, 어떤 생각들이 떠오르고 있는지 낱낱이 나눠서 본다. 자루에 들어 있는 잡곡을 콩은 콩대로 팥은 팥대로 보 리는 보리대로 낱낱이 나눠 담듯이 우울이라는 덩어리를 해체해서 본다. 우울로부터 벗어나려는 시도를 멈출 때, 즉 우울과 관련된 욕 구와 생각을 내려놓을 때 우울을 있는 그대로 보게 된다. 자신의 우 울을 인정하지 않고 우울한 것은 나쁜 것이며 우울하면 안 된다고 생 각할 때 우울의 늪에 더욱 깊게 빠지게 된다. 마음챙김으로 우울을 바라볼 때 우울의 덩어리가 해체되고 낱낱을 보게 된다. 우울을 덩어 리 경험이 아니라 낱낱의 경험 요소로 보게 된다. 우울에서 우울 아 님을 보게 된다.

                    마음챙김 명상 멘토링

우울을 덩어리로 볼 때 견디기 어렵고 피하고 싶다. 그러나 마음챙김으로 우울을 낱개로 보면 우울이 다르게 경험된다. 비교적 견딜 만해지고 굳이 피하려 하지 않고 그냥 수용하고 자신의 일을 할 수 있게 된다. 이 과정에서 우울은 사라지게 되는 것이다. 우울이 없어지기를 바라고 피하려고 할 때는 없어지지 않던 것이 그냥 수용하니 오히려 사라지는 것이다.

제3의 길

마음챙김은 제3의 길이다.

화에 굴복 화를 폭발함하는 것도 아니다.

화와 투쟁 화를 부정하거나 억누름하는 것도 아니다.

단지 화를 떨어져서 바라보는 것이다.

화와 관련된 욕구와 생각을 내려놓고 있는 그대로 바라보는 것이다.

가려움에 굴복 긁음하는 것도 아니다.

가려움과 투쟁 참음하는 것도 아니다.

단지 가려움을 떨어져서 바라보는 것이다.

가려움과 관련된 욕구와 생각을 내려놓고 있는 그대로 바라보는 것이다.

음식 먹고 싶음에 굴복 ^{먹음}하는 것도 아니다.

음식 먹고 싶음과 투쟁 ^{참음}하는 것도 아니다.

단지 음식 먹고 싶음을 떨어져서 바라보는 것이다.

음식 먹고 싶음과 관련된 욕구와 생각을 내려놓고 있는 그대로 바라보는 것이다.

발표불안에 굴복 ^{발표의 회피}하는 것도 아니다.

발표불안과 투쟁 ^{발표불안을 억누름}하는 것도 아니다.

단지 발표불안을 떨어져서 바라보는 것이다.

발표불안과 관련된 욕구와 생각을 내려놓고 있는 그대로 바라보는 것이다.

우리는 욕구에 굴복 ^{욕구의 충족}하거나 아니면 욕구와 투쟁 ^{억누름}하기를 선택하려 한다. 마음챙김은 그저 바라보는 것이다. 마음챙김을 통해 그 상태에 대한 인내력이 증진된다. 결과적으로 선택의 자유가 커진다. 그 상태에서 어쩔 수 없이 굴복하거나 치열하게 투쟁하지 않아도 된다. 그 상태에 그냥 머무를 수 있다.

회피하지 말고 직면하면 회피 대상과의 관계가 바뀌게 된다.

마음챙김도 일종의 힘이고 기술이므로 훈련이 필요하다. 꾸준한 마음 챙김을 통해 불안, 우울, 화 등을 직시하면 우리는 불안, 우울, 화 등으로부터 점차 자유로워진다.

마음챙김을 통한 불안, 우울, 화 등의 직시는 우리를 자유롭게 한다.

마음이 가난한 자
복이 있나니

어떤 마음이 가난한 마음일까?
욕구와 생각 내려놓은 마음이 가난한 마음.

마음에 욕구와 생각을 많이 올려놓고 사는 사람은 부자의 마음일 것
이다.
마음에 욕구와 생각을 많이 올려놓고 사는 사람은 있는 그대로가 아니
라 욕구와 생각을 붙인 덩어리를 잘 만드는 사람일 것이다.
이런 사람은 있는 그대로 보지 못한다.

명상하는 동안만이라도 마음을 가난하게 한다.
명상하는 동안만이라도 세상의 모든 욕구를 내려놓는다.
명상하는 동안만이라도 세상에 대한 모든 분별을 내려놓는다.
오직 깨어 있을 뿐이다.

일상생활에서 경계를 만날 때마다 마음을 가난하게 하는 연습을 한다.

인터넷 하다가 잠시 기다리게 되었을 때

올라오는 성마름을 알아차림하고 내려놓는다.

지하철에서 방금 열차를 놓치고 다음 열차를 기다리게 되었을 때

올라오는 짜증을 알아차림하고 내려놓는다.

전화를 걸고 상대가 나올 때까지 기다리게 되었을 때

올라오는 갑갑함을 알아차림하고 내려놓는다.

운전을 하다가 신호에 걸렸을 때

올라오는 열을 알아차림하고 내려놓는다.

마트 계산대나 공항 출입국 심사대에서 순서를 기다릴 때

올라오는 안절부절못함을 알아차림하고 내려놓는다.

이러한 일상의 경계 뒤에는 관련된 욕구와 생각이 있다.

'이런 욕구와 저런 생각을 하고 있음'을 분명히 떨어져서 알아차림하고 내려놓는다.

 마음챙김 명상 멘토링

나쁜 일을 할 때도
마음챙김?

2009년도 한국 불교심리치료학회의 가을 학술대회에 거머^{Germer} 박사가 초청되어 마음챙김과 자비와 관련된 강연과 시연을 하였다. 거머 박사는 미국 보스턴에서 마음챙김과 자비를 적용한 심리 치료를 하는 심리학자다. 거머 박사는 마음챙김과 자비가 어떻게 심리 치료 장면에 적용될 수 있는지에 대해 명료하게 설명하였고 시연을 통해서도 보여주었다.

학회 일정이 끝나고 회원들과 함께 저녁식사를 하게 되었는데, 그 자리에서 거머 박사는 다음과 같은 얘기를 해주었다. 거머 박사가 카밧진^{Kabat-Zinn} 박사에게 자신의 책 서문을 부탁했었다고 한다. 잘 알다시피 카밧진 박사는 마음챙김 명상을 의료 장면에 적용한 선구자다. 책 내용 중에는 저격수가 저격을 잘하려고 할 때도 마음챙김이 도움이 될 것이라는 부분이 있었는데, 카밧진 박사는 이 부분을 고치지 않으면 서문을 써줄 수 없다고 했다는 얘기였다.

카밧진 박사의 입장은 마음챙김은 선한 것이어서 부정적인 것에 사용될 수 없다는 것이다. 그러나 현대처럼 다원적인 사회에서 선과 악이라는 것은 다분히 상대적이다. 미국에게 악인 것이 이슬람 근본주의자들에게는 선일 수 있다. 다만 자신의 일이 선하지 못하고 나쁜 일인 줄 알고 있다면 마음챙김할 때 그 일을 실행에 옮기기는 어려울 것이다. 저격수가 자신의 저격이 옳지 않은 일이라고 생각하고 있다면 마음챙김할 때 저격을 실행에 옮기기는 쉽지 않을 것이다. 그러나 안중근 의사처럼 자신의 일이 나라 전체를 위한 일이라고 생각한다면 마음챙김하는 것이 저격을 못하게 하지는 않을 것이다.

그렇다고 마음챙김이 저격을 더 잘하게 해준다고는 생각되지 않는다. 오히려 저격을 잘하기 위해서는 마음챙김을 하기보다는 집중명상을 하듯이 자신의 주의를 100퍼센트 저격하는 일에 몰입하는 것이 더 나을 것이다.

영화 〈인셉션〉과
마음챙김

『장자』에 호접몽에 대한 얘기가 나온다. 하루는 장자가 나비가 되어 날아다니는 꿈을 꾸었는데 그 꿈이 너무 생생하여 꿈에서 깨어났을 때 자신이 나비 꿈을 꾸었는지 아니면 지금 나비가 장자 꿈을 꾸고 있는지 모르겠다는 얘기다.

2010년에 〈인셉션〉이라는 제목의 영화가 사람들의 주목을 끌었다. 일상생활에서 우리는 각자 개별적으로 꿈을 꾼다. 가끔 어젯밤에 왜 내 꿈에 왔느냐며 꿈에 본 사람에게 농을 던지기는 하지만 우리는 모두 각자 개별적으로 꿈을 꾼다고 생각한다. 그런데 그 영화는 여러 사람들이 집단으로 동시에 동일한 꿈을 꾸면서 한 사람의 마음을 변화시키는 얘기를 다루고 있다.

그렇다면 일상생활과 꿈의 차이는 무엇인가?

〈인셉션〉에서는 꿈에서 죽어도 실제로 죽지는 않지만 꿈에서 총에 맞
거나 하면 실제로도 통증을 경험한다.
이 점은 우리의 일상적 꿈에서도 그렇다.
꿈속에서 아프면 정말 아프고
꿈속에서 무서우면 참으로 무섭다.
꿈에서 사랑하는 사람과 헤어지며 안타깝게 울고 또 운다.
예외도 있지만 우리는 대체로 꿈을 꿀 때 자신이 꿈속에 있는지 모른다.
꿈에서 깨어나야만 자신이 꿈을 꿨다는 것을 알게 된다.

꿈속을 넘나들며 삶을 사는 그 영화의 주인공들에게는 자신이 꿈속에
있는지 실제 생활 속에 있는지 구분하는 것이 매우 중요하다. 그 영화
에서는 꿈과 일상생활의 차이를 확인하기 위해 각자의 토템을 준비하
는데, 레오나르도 디카프리오가 연기한 주인공 코브는 팽이를 꿈과 일
상생활의 차이를 확인하는 토템으로 사용한다. 팽이를 돌리면 어떠한
가. 한동안 돌지만 결국 멈추게 되어 있다. 그런데 그 영화에서는 만약
꿈속이라면 그 팽이는 절대 멈추지 않고 계속 돈다. 주인공은 이렇게
팽이 돌리기를 통해 자신이 꿈속에 있는지 아니면 실제 세계에 있는지
를 확인한다.

영화가 아니라 실제로 꿈과 현실을 구분하는 방법이 있다.
그것은 마음챙김이다.

마음챙김이 있으면 현실이요,

마음챙김이 없으면 꿈이다.

마음챙김이 없는 곳은 설사 현실이라고 해도 꿈과 같으며,

마음챙김이 있는 곳은 설사 꿈속이라고 해도 현실과 같다.

마음챙김이 있으면 깨어 있는 것이다.

꿈속에서라도 마음챙김이 있으면 깨어 있는 것이다!

마음챙김은
기술이자 힘이다

마음챙김은 객관적으로 떨어져서 보기라는 특수한 형태의 주의를 주는 것이라는 점에서 '기술'이라고 할 수 있다. 한편 객관적으로 떨어져서 보려고 해도 특정 상황에서 그 상황과 관련된 기존의 욕구와 생각이 거의 자동적으로 개입하므로, 지속적으로 끈질기게 작용하는 욕구와 생각의 개입을 이겨 내며 객관적 떨어져서 보기를 유지한다는 점에서 마음챙김은 '힘'이라고 할 수 있다.

강한 정서가 올라올 때 그 정서에 끌려들지 않고 떨어져서 바라보기를 훈련하고 또 훈련하다 보면 한 번 두 번 성공하는 경험을 하게 될 것이다. 이런 성공 경험은 자기효능감, 즉 자신감의 증진을 가져오고 결과적으로 바라보는 힘이 증가하게 된다.

일견 재미없어 보이는 것, 예를 들어 호흡이나 호흡 감각에 주의를 주

고, 피하고 싶은 것, 예를 들어 부정적 정서나 고통에 주의를 주는 것
은 결국 욕구와 생각을 내려놓는 훈련을 하는 것이다. 욕구와 생각을
내려놓음으로써 자유로워지는 것이다. 또한 재미있는 것에 매몰되지
않고 떨어져서 보는 것도 욕구와 생각을 내려놓는 기술과 힘을 기르는
훈련을 하는 것이다.

제4장

호흡
바라보며
마음챙김하기

-

호흡 마음챙김 명상

호흡 집중명상은 어떠한 도구도 필요 없으며 언제 어디서나 할 수 있는 가장 기초가 되는 명상이다. 호흡 집중명상에서는 호흡감각에만 주의집중하며 몸과 마음 모두 쉰다.

호흡 마음챙김 명상은 호흡 집중명상을 하며 마음챙김하는 것이다. 다시 말하면 마음챙김과 함께 호흡 집중명상을 하는 것이다. 호흡을 바라보는 자신을 바라보는 것이다. 이때의 바라봄은 욕구와 생각을 내려놓은 순수한 바라봄이다.

호흡 집중명상 vs.
호흡 마음챙김 명상

호흡 마음챙김 명상은 호흡 집중명상의 요소를 포함한다. 주의집중의 대상을 호흡 감각으로 고정시킴으로써 주의를 집중하는 훈련이 이루어진다. 호흡 감각에 100퍼센트 순수한 주의를 주는 것은 호흡 집중명상이다. 호흡 마음챙김 명상에서는 호흡 감각에 순수한 주의를 주되 호흡 감각에 순수한 주의를 줌에 따라 매순간 느껴지는 특정한 호흡 감각을 느끼고 있음을 알아차림, 즉 상위알아차림을 한다.

자신이 들숨을 쉬고 있는지 날숨을 쉬고 있는지를 알아차림한다. 공기가 막 들어오고 있는지 들어오는 것이 거의 끝나고 있는지 알아차림한다. 공기가 막 나가고 있는지 나가는 것이 거의 끝나고 있는지 알아차림한다. 호흡 마음챙김 명상이 호흡 집중명상의 요소를 포함하기 때문에 이 장에서 설명하는 내용들은 많은 부분이 호흡 집중명상을 이해하고 실천하는 데 도움을 준다. 호흡 마음챙김 명상을 하기 위해서는 호

흡 감각에 순수한 주의를 주는 집중명상을 하면서 동시에 지금-여기
에서 자신이 무엇을 하고 있는지에 대한 순수한 알아차림을 놓치지 않
는다.

우리의 모든 행위에는 주의가 들어간다. 마음챙김 명상은 자신의 모든
행위에 대한 순수한 주의, 즉 순수한 상위주의를 적용한다. 호흡 마음
챙김 명상은 호흡 집중명상이라는 행위를 마음챙김한다고 볼 수 있다.

어깨를 낮춘다

호흡 마음챙김 명상을 위한 자세로는 어떤 것이 좋을까?

허리를 곧게 세운 당당한 자세는 누가 봐도 명상을 하는 것 같고 멋져 보인다. 그러나 이러한 몸의 자세에 지나치게 관심을 가질 필요는 없다.

자세는 불편하지 않게 원하는 시간만큼 명상을 할 수 있는 정도면 좋다. 일반적으로 앉아서 하지만 서서 할 수도 있고 누워서 할 수도 있다. 명상을 앉아서 하는 경우에도 바닥에 앉아서 할 수도 있고 의자에 앉아서 할 수도 있다. 앉아서 명상을 하는 경우에 너무 지나치게 허리를 세우려고 하지 말고 적절하게 허리를 편다는 느낌으로 하면 좋다. 의자에 앉아 있는 경우에 허리를 세우고 있기가 불편하다면 등받이에 등을 기대도 괜찮다.

중요한 것은 허리는 적절히 펴고 옷걸이에 옷이 걸리듯이 어깨에 힘을 툭 빼는 것이다.

어깨를 낮추면 몸이 편안해지면서 자세가 든든해진다.

동양에서는 예로부터 상허하실上虛下實이라고 해서 아랫배 주변은 든든하고 그 위는 가벼운 것이 좋다고 보았다. 상허하실을 위해 아랫배에 힘을 넣는 방식을 취하기도 하는데 자칫 온몸에 힘이 들어갈 수 있다.

허리를 적절히 펴고 어깨에 힘을 빼고 낮추면 아랫배 주변이 든든해진다. 이것은 앉은 자세뿐만 아니라 서 있는 자세에서도 그러하다.

자세에서 중요한 것은 몸이 경직되지 않고 부드럽고 편하도록 하는 것이다. 자세에 지나치게 신경 쓰다 보면 몸이 딱딱하고 불편하게 된다. 몸의 자세에 지나치게 주의를 주기보다는 호흡 감각에 주의를 주도록 한다.

몸의 자세는 어깨를 낮추는 것으로 족하다.

눈과 손

명상을 할 때 눈은 감는 것이 좋은가, 뜨는 것이 좋은가?

상관없다.

눈은 감아도 되고 떠도 된다.
눈을 뜨고 하는 경우에는 정면을 바라보기보다는
시선을 0.5~1미터 정도 앞에 툭 던지듯이 한다.
마음의 눈, 즉 주의는 호흡 감각에 가 있기 때문에
눈으로 무엇을 보고 있는 것은 아니다.
눈을 뜨고도 해보고
눈을 감고도 해보라.

손도 편하게 놓으면 된다.

법계정인法界定印이라고 해서 한 손바닥 위에 다른 손바닥을 얹고
양 엄지 끝을 서로 닿게 하는 것도 좋다.
양반다리로 앉아 있다면 한 손으로 발목을 잡듯이 놓고
그 손등 위에 다른 손의 손바닥을 자연스럽게 덮어도 좋다.
양손을 각각 양 무릎 위에 손바닥을 아래로 해서 놓아도 좋고
손등을 아래로 해서 놓아도 좋다.

느긋한
예의 주시

몸의 자세보다 더 중요한 것은 마음의 자세다.

너무 잘하려고도 하지 말고

너무 느슨한 태도로도 하지 말고

느긋하되 예의 주시하는 태도를 갖는 것이 좋다.

호흡 감각의 변화를 놓치지 않고 잘 지켜보겠다는 예의 주시의 태도를

갖되 느긋한 태도를 잊지 않도록 한다.

'쉬어'

'쉬어.'

그냥 쉰다.

이런저런 생각 내려놓고 그냥 쉰다.

이런저런 머리 아픈 일이 있어도 그냥 내려놓고 쉬어라.

그저 10분 혹은 20분 동안은 쉬어라.

호흡이 노는 모습을 보며 쉬어라.

느긋한 주말 햇볕 좋은 오후에

어머니가 어린 자식이 놀이터에서 노는 모습을 지켜보듯이 지켜본다.

잘하려고 하지 말라.

호흡을 통제하지 않는다.

몸이 알아서 호흡하게 한다.

몸이 알아서 호흡하게 하며

단지 몸이 어떻게 호흡을 하고 있는지 제3자가 보듯이 지켜본다.

호흡의 길이, 들숨/날숨이 언제 끝나는지 들숨/날숨이 언제 시작하는지 가만 지켜본다.

동시에 호흡이 스치는 느낌, 들숨과 날숨의 온도 차이, 들숨과 날숨의 습도 차이, 왼쪽과 오른쪽 콧구멍에서의 차이 등을 느껴 본다.

콧구멍의 어느 위치에서 어떻게 느껴지는지 잘 관찰한다.

이 모든 과정과 이 과정에서 느껴지는 감각에 가만히 마음챙김한다.

이런저런 욕구와 생각이 나타나면 잘 알아차림하고 내려놓는다.

이런저런 소리가 들리면 듣고 있음을 잘 알아차림하고 내려놓는다.

기차를 탔으면
짐을 내려놓아라 ■

기차를 타고도 짐을 지고 있는 사람이 있을까?

가까운 곳에 가거나 짐이 가벼운 경우에는 그럴 수도 있겠다.

그러나 먼 길을 갈 때 기차를 탔으면 짐은 선반에 올려놓으면 된다.

내가 지고 있지 않아도 짐도 나와 함께 목적지로 간다.

내가 신경 쓰지 않아도 시간이 지나면 목적지에 도착할 것이다.

짐을 내려놓았다고 해서 어디로 도망가는 것도 아니다.

내릴 때 다시 지고 내리면 된다.

명상할 때는 욕구와 생각을 내려놓는다.

적어도 명상할 때만이라도 욕구와 생각을 내려놓는다.

■　　라마나 마하리쉬Ramana Maharshi의 비유에 나옴. 라마나 마하리쉬(1990). 『나는 누구
인가』(이호준 역). 서울: 청하.

명상은 시작되었다.

10분이면 10분, 20분이면 20분.

내가 신경 쓰지 않아도 시간은 흘러갈 것이다.

무거운 걱정이 있어도

흥분되는 기쁜 일이 있어도

다 내려놓는다.

명상을 하는 동안은 다 내려놓는다.

오직
한 번의 호흡!

오직 한 번의 호흡만 정확하게 주의를 기울여 알아차림한다.
한 번의 들숨과 한 번의 날숨만 또렷하게 바라본다.

한 번의 들숨의 시작과 중간과 나중까지
한 번의 날숨의 시작과 중간과 나중까지
매 순간의 호흡 감각을 놓치지 않고 있는 그대로 관찰한다.

오직 한 번의 호흡
오직 한 번의 호흡
오직 한 번의 호흡만이 있을 뿐이다.

5분을 하든 10분을 하든 1시간을 하든 매번 오직 한 번의 호흡을 정확하
게 있는 그대로 바라보겠다는 마음가짐으로 호흡 마음챙김 명상을 한다.

마음챙김 명상 멘토링

코냐 배냐

전통적으로는 코 주변을 호흡 마음챙김에서 주의집중의 장소로 삼아왔다. 그러나 최근에는 미얀마 등 동남아시아 일부에서 호흡 주의집중의 장소로 배를 이용하고 있다. 특히 현대에 마음챙김 명상의 전통을 부흥시키는 데 큰 역할을 한 미얀마의 마하시 사야도Mahasi Sayadaw가 호흡 주의집중의 장소를 배로 하였으며, 미얀마와 태국 등지에는 그의 전통을 따르는 사원이 많다. 우리나라에서도 이러한 사원에서 수행을 하고 돌아온 사람들을 통해 배를 호흡 주의집중의 장소로 삼는 경우가 많아졌다. 그러나 미얀마의 우바킹U Ba Khin과 그의 제자 고엔카Goenka 그리고 태국의 순룬 사야도Sunlun Sayadaw 등의 수행 전통에서는 여전히 코 주변을 호흡 주의집중의 장소로 삼고 수행하고 있다.

호흡 주의집중의 장소로 코 주변이나 배 어느 쪽이든 크게 상관은 없는 것 같다. 그보다는 개인의 편의에 따라 결정하면 될 듯하다. 그러나 호흡 마음챙김의 전통, 주의집중의 대상을 좁게 하는 것이 집중력을 높인다는 고엔카의 주장, 그리고 저자의 경험 등으로 볼 때 초보자는 코 주변을 호흡 주의집중의 장소로 삼는 것이 좋을 것 같다. 만약 배를 호흡 주의집중의 장소로 삼기로 했다면, 자칫 좋은 호흡이라는 복식호흡이나 단전호흡을 하기 위해 의도적으로 특정한 방식으로 배를 움직이거나 하지 말고, 자연스럽게 호흡하도록 한다.

코 주변은 어떤 자세에서도 호흡 주의집중하기가 용이하다. 따라서 이 책에서는 주로 코 주변, 특히 콧구멍의 안쪽 벽을 주의집중의 장소로 삼는 경우를 중심으로 호흡 감각의 주의집중과 마음챙김 요령을 설명하였다.

 마음챙김 명상 멘토링

오직
들숨 날숨

오직 들숨 날숨.

태산처럼 앉아 있음.

오직 앉아 있을 뿐.

오직 지금-여기 존재할 뿐.

자신에게 장애아가 있음도 내려놓음.

치매 걸린 시어머니를 돌봐야 함도 내려놓음.

나를 모함한 사람도 내려놓음.

아침에 인사를 받지 않고 지나간 후배도 내려놓음.

온갖 괴로운 생각도 내려놓음.

지금 이 순간 아무도 아니어도 좋음.

교수도 학생도 없음.

직장상사도 부하직원도 없음.

남자도 여자도 없음.

오직 여기 존재하고 있음.

오직 숨 쉬고 있으며 그 숨을 느끼고 있음.

이 모든 과정을 떨어져서 고요히 지켜본다.

이 모든 과정에서 마음이 무엇을 하고 있는지, 마음에서 어떤 현상들
이 일어나는지 순수한 자각을 유지한다.

콧구멍에
마음을 모아라

생각을 하지 않으려고 하면 생각이 더 난다. 생각하지 않으려고 하지 말고 그저 생각과 관련 없는 것으로 주의를 돌리면 된다. 그러면 생각이 끊어진다.

생각은 주의를 먹고 자란다. 생각뿐만 아니라 마음을 구성하는 요소들의 작용은 모두 주의를 필요로 한다. 주의는 일종의 연료와도 같다. 심리학에서는 주의를 정신 자원을 분배하는 것으로 정의한다. 정신 자원의 분배는 일종의 제로섬게임이다. 어느 한 쪽에 정신 자원을 많이 분배하면 다른 쪽으로는 적게 분배된다. 생각이 아닌 것에 주의를 주면 생각으로는 주의가 적게 가는 것이다.

일반적으로 생각을 끊기 위해 호흡을 주의의 대상으로 삼는다. 호흡에 주의를 준다고 할 때는 호흡 감각에 주의를 주는 것이다. 호흡을 할 때 코를 통해 공기가 들어가고 나가면서 감각을 일으킨다.

공기가 기도를 통해 폐까지 들어가고 나온다고 해서 기도나 폐까지 주의를 줄 필요는 없다. 단지 콧구멍 안쪽 벽에 주의를 준다. 공기가 이곳을 통해 들어가고 나가면서 발생하는 감각에 주의를 주면 된다. 종종 인중이나 윗입술 등 코 주변까지도 공기의 흐름이 느껴지므로 이곳까지 주의의 범위에 넣을 수 있다.

호흡 감각에 주의를 주는 것은 정신 자원의 흐름에 물길을 내주는 것과 같다. 이러한 물길을 통해 정신 자원이 흐르도록 함으로써 다른 곳으로 흘러가지 않도록 해주는 것이다. 호흡 감각에 주의를 줌으로써 생각으로 가는 주의가 감소하게 된다.

생각을 하지 않는다고 멍청해지지는 않는다. 생각을 하지 않더라도 주의가 호흡 감각에 충분히 주어지므로 졸거나 멍하지 않고 또렷이 깨어 있을 수 있다.

이 모든 과정에서 떨어져서 지켜보는 마음챙김을 유지하도록 한다.

콧속의
바람!

우리가 살아 있는 한 언제나 콧속에는 바람이 불고 있다.

의식을 놓고 잠을 자는 동안에도 우리 몸은 호흡을 하고 있고

그 호흡에 따라 공기가 콧속에서 들어오고 나가며 바람을 일으키고 있다.

조용히 앉아 콧속의 바람을 관찰하라.

콧속의 바람이

얼마나 세게 불고 있는지

얼마나 따뜻하고 시원한지

얼마나 촉촉하고 건조한지

양쪽 콧속에서 바람이 어떻게 다른지

가만히 관찰한다.

또한 이러한 관찰을 떨어져서 고요히 지켜본다.

Let it be

비틀즈는 한때 인도의 요기 마하리시 마헤시 밑에서 명상을 수행하며
동양의 문화에 심취한 적이 있었다.
그들이 만든 명곡 〈Let it be〉.
노랫말에서 "지혜의 말words of wisdom"이라고 칭한 'Let it be'.

호흡 마음챙김 명상을 할 때
안으로는 욕구와 생각이
밖으로는 이런저런 소음이
우리의 주의를 호흡 감각으로부터 분산시킨다.

그러나 다투지 않는다.
욕구와 생각을 안 하려고 애쓰거나
소리를 듣지 않으려고 애쓰지 않는다.

Let it be.

욕구와 생각, 소리 등을 그냥 거기에 있도록 한다.

욕구와 생각을 안 하려고 하면 그것을 마음챙김하고 내려놓는다.

소리를 싫어하고 듣기 싫어하면 그 마음을 알아차림하고 내려놓는다.

부드럽게 그러나 단호하게 호흡 감각으로 돌아온다.

호흡 감각에 더 많은 주의를 준다.

그리고 이 모든 과정을 가만히 주시한다.

10번의 호흡
마음챙김

들숨날숨으로 10번의 호흡 동안 호흡 마음챙김을 한다.

시간을 많이 내지 못할 때 단지 10번의 호흡을 하는 동안만이라도 호흡 마음챙김을 한다.

10번의 호흡을 하는 동안 온 마음을 다해 호흡 마음챙김을 한다.

성성성성惺惺惺惺에 빠지지도 않고

적적적적寂寂寂寂에 빠지지도 않고

또렷이 깨어 10번의 호흡에 순수한 주의를 집중하고 그것을 떨어져서 바라본다.

시간이 없다고 생각될 때

바쁘다고 생각될 때

잠시라도 마음챙김 훈련을 하고자 할 때

10번의 호흡 마음챙김을 한다.

10번의 호흡 동안만이라도

마음에서

생각을 내려놓고

욕구를 내려놓고

오직 감각, 호흡 감각만을 주시한다.

그리고 이 모든 과정을 떨어져서 바라본다.

삼수갑산을
간다고 해도

삼수三水와 갑산甲山은 함경남도 북쪽의 오지로 과거에 유배지 중에서
도 아주 열악하기로 유명했던 곳이다. '삼수갑산을 간다고 해도'라는
표현은 아주 험한 일을 당하는 일이 있더라도 자신은 어떻게 하겠다는
각오를 나타낼 때 사용한다.

10분 명상 혹은 20분 명상을 하기로 했다면
10분 혹은 20분 동안은 온전히 나의 시간, 나만을 위한 시간이다.
어떤 의무와 책임으로부터도 자유롭다.
어떤 걱정도 근심도 내려놓는다.

10분, 20분 후에 삼수갑산을 간다고 해도 10분, 20분 동안은
나만의 시간인 것이다.
10분, 20분 후에 어떤 험한 삶의 현장으로 돌아간다고 해도

10분, 20분 동안은 나만의 시간인 것이다.

이런저런 소리가 들릴 테면 들려라.
그래도 나는 여기에 이렇게 앉아 있고 호흡을 바라보며
마음챙김할 뿐이다.

이런저런 생각이 날 테면 나라.
그래도 나는 여기에 이렇게 앉아 있고 호흡을 바라보며
마음챙김할 뿐이다.

10분, 20분 후에 삼수갑산을 간다고 해도
10분, 20분 동안은 나만의 시간이다.
어떤 누구도, 어떤 무엇도
10분, 20분 동안은 나를 간섭하지 못한다.

명상의 특징 중 하나는 수동적 주의라는 것이다.

능동적으로 무엇을 하는 것이 아니라 아무 것도 하지 않고

가만히 기다리고 지켜보는 것이다.

호흡명상에서 초보자들이 종종 경험하는 어려움은

호흡이 갑갑하다는 것이다.

호흡이 갑갑한 것은 알게 모르게 호흡을 통제하려는 의도 때문이다.

호흡에, 호흡 감각에 수동적 주의를 준다.

호흡이 이래야 좋다, 저래야 좋다는 생각을 내려놓는다.

호흡이 짧으면 짧은 대로 바라본다.

호흡이 길면 긴 대로 바라본다.

호흡이 얕으면 얕은 대로 바라본다.

호흡이 깊으면 깊은 대로 바라본다.

호흡이 빠르면 빠른 대로 바라본다.

호흡이 느리면 느린 대로 바라본다.

호흡이 이러면 좋겠다, 저러면 좋겠다는 욕구를 내려놓는다.

호흡이 규칙적이고 부드러워야 한다는 생각을 내려놓는다.

호흡이 불규칙하면 불규칙한 대로 바라본다.

호흡이 거칠면 거친 대로 바라본다.

호흡이 멈추면 멈추는 대로 바라본다.

들숨이 언제 시작하는지 가만히 지켜본다.

들숨이 언제까지 들어가는지 가만히 지켜본다.

들숨이 언제 끝나는지 가만히 지켜본다.

들숨이 멈추는 듯하면 멈추는 듯하는 대로 가만히 지켜본다.

언제 날숨이 시작하는지 가만히 지켜본다.

의도적으로 날숨을 쉬려고 하지 말고 가만히 지켜본다.

날숨이 언제 시작하는지 지켜본다.

날숨이 언제까지 나가는지 가만히 지켜본다.

날숨이 언제 끝나는지 가만히 지켜본다.

날숨이 멈추는 듯하면 멈추는 듯하는 대로 가만히 지켜본다.

언제 들숨이 시작하는지 가만히 지켜본다.

의도적으로 들숨을 쉬려고 하지 말고 가만히 지켜본다.

몸이 하는 호흡에 간섭하지 않는다.

몸이 알아서 호흡하게 내버려 둔다.

들숨을 쉴 때 충분히 들이쉬도록 내버려 둔다.

들숨에 간섭하지 않는다.

날숨을 쉴 때 충분히 내쉬도록 내버려 둔다.

날숨에 간섭하지 않는다.

단지 몸이 하는 호흡을 가만히 지켜볼 뿐이다.

이 모든 과정을 고요히 자각한다.

호흡 훈련이
아니다!

호흡 마음챙김 명상에서 호흡은 코를 통해 자연스럽게 한다. 결코 인위적으로 호흡을 통제하지 않는다. 들숨이나 날숨을 더 길게 혹은 똑같게 만들려고 한다거나 숨을 참는다거나 하지 않고 자연스럽게 호흡한다. 들숨과 날숨 모두 코를 통해 이루어지도록 한다.

일부러 호흡을 고르게 하거나 길게 하려고 애쓰지 말아야 한다. 비록 호흡이 얕거나 짧거나 거칠더라도 일부러 깊거나 길거나 부드럽게 하려고 의도적으로 호흡하지 않는다. 호흡에 대한 순수한 주의집중을 하면 마음이 안정되고, 마음이 안정되면 호흡이 안정된다. 또한 규칙적이고 조용하고 가볍고 미세하고 길어진다. 우리가 어떤 대상을 바라볼 때, 숨을 죽이고 바라본다는 표현을 쓴다. 이때 우리가 인위적으로 숨을 죽인다기보다는, 무엇에 집중한 상태에서는 자연스럽게 숨이 멈춘 듯이 가늘고 느리고 미세하고 길어지는 것이다. 마찬가지로 콧구멍에 마음을 고정시키고 호흡에 주의를 집중하여 호흡에 따른 감각을 자세히 관찰하면, 호흡이 자연스럽게 그렇게 되는 것이다. 따라서 인위적으로 호흡을 안정시키려고 하지 않아도 호흡에 주의집중하는 것만으로 그와 같이 되는 것이다.

다만, 호흡 마음챙김 명상을 시작할 때 마음이 안정되어 있지 않다면, 무리하지 않는 범위 내에서 처음 얼마간 의도적으로 천천히 숨을 들이쉬고 내쉬며 심호흡을 하는 것도 좋다. 그러나 이러한 의도적 호흡은 오랫동안 하지 않도록 한다.

참고로, 호흡 마음챙김 명상을 단전호흡 명상 등과 혼동하지 않기를 바라는 마음에서 부연설명을 한다. 호흡 마음챙김은 호흡 훈련을 하는 것이 아니다. 마음의 훈련, 주의 훈련을 하는 것이다. 몸이 호흡하도록 내버려 둔다. 그리고 몸이 하는 호흡을 가만히 지켜본다. 들숨이 언제까지 들어오는지 가만히 지켜본다. 그러다 보면 끝난 듯하다가 더 들어오기도 한다. 들숨이 언제 날숨으로 바뀌는지 가만히 지켜본다. 날숨에 대해서도 마찬가지로 가만히 지켜보며, 날숨이 언제 들숨으로 바뀌는지도 가만히 지켜본다.

잊지 말자. 호흡에 간여하지 않는다. 그저 몸이 호흡하도록 두고 그것을 지켜만 본다. 그러다 보면 몸이 스스로 바른 호흡을 하게 된다.

코는 단지 공기가 들어오고 나가는 통로라고 여기도록 한다. 공기의 흐름을 통제하지 말고 공기가 들어오고 나가는 것을 지켜보도록 한다.

이 모든 과정에서 자신이 무엇을 하고 무엇을 경험하는지를 고요히 지켜본다.

너무 잘하려고
하지 않는다

호흡 마음챙김 명상을 할 때 너무 잘하려고 하지 않는 것이 좋다. 호흡 마음챙김 명상 초보자가 종종 경험하는 증상(?) 중의 하나는 숨이 답답해지는 것이다. 너무 잘하려고 해서 그렇다. 부지불식간에 호흡을 통제하려고 해서 그렇다.

내버려 두는 것이 좋다. 몸이 알아서 호흡하게 내버려 두는 것이다. 숨이 답답해지는 것은 호흡에 과도하게 신경을 써서 그렇다. 호흡에 신경을 쓴다는 것과 호흡에 마음챙김한다는 것은 다르다. 호흡에 신경 쓴다는 것은 호흡이 이랬으면 좋겠다, 저러면 안 되겠다 등의 바라는 마음, 즉 욕구를 가지고 호흡을 대하는 것이다. 호흡에 순수한 주의집중을 한다는 것은 욕구와 생각을 내려놓고 호흡 감각을 있는 그대로 느끼는 것이다.

아프리카 초원에서 동물의 세계를 촬영하는 기사들은 동물들의 살아가는 모습을 정확하게 포착하되 냉정할 정도로 개입하지 않는다. 영양이 사자나 표범에게 잡아먹히는 상황에서도 구해 주는 일이 없다. 오직 그 장면을 있는 그대로 담는다. 마찬가지로 자신의 몸이 하는 호흡에 대해 개입하지 않고 오직 그 호흡에 따른 감각을 관찰한다.

어쩌다 호흡이 답답해지는 경험을 하게 되었다면 그런 일로 사람이 죽는 일은 없으니 당황하지 않도록 한다. 당황하면 오히려 숨은 더욱 얕고 짧아지게 되면서 더욱 답답해질 뿐이다. 침착하게 어떻게 숨이 답답한지 가만히 지켜본다는 자세로 호흡을 바라본다. 외부 대상을 관찰하는 과학자처럼 가만히 호흡 감각을 지켜본다. 그러다 보면 호흡이 편안해진다. 그렇다고 이렇게 하면 호흡이 편안해진다고 생각하며 호흡이 편안해지기를 바라는 마음을 가지고 바라보는 것은 순수한 관찰이 아니다. 그런 마음은 오히려 호흡이 편안해지는 것을 방해한다. 살려고 하면 죽고 죽으려고 하면 산다.

만약 호흡이 답답한 상태가 쉽게 가시지 않는다면 무리하지 말고 호흡 마음챙김을 그친다. 어떤 때는 그럴 수도 있는 것이다. 가벼운 마음으로 마치고 다음을 기약한다.

산으로 갈
필요는 없다

명상한다고 소음이 없는 조용한 환경만을 고집할 필요는 없다.
일상의 환경에는 이런저런 소음이 있기 마련이다.

특히 명상을 집중명상으로만 생각하는 사람,
그리고 완벽주의 성향이 강한 사람은
명상을 할 때 완벽하게 집중해야 한다는 '욕구'가 강해서
오히려 명상이 잘 안될 수 있다.
이런 사람은 명상을 하면 할수록 마음이 넉넉해지는 것이 아니라
더 좁고 뾰족해진다.

자동차 소리도 없고, 수돗물 떨어지는 소리도 없고, 시계 소리도 없고,
TV 소리도 나지 않는 '완벽한' 환경을 찾아 산으로 갈 필요는 없다.
일상의 환경에는 이런저런 소리가 있기 마련이다.

　　　　　　　　　　마음챙김 명상 멘토링

소음이라는 말 자체가 우리의 판단이 들어간 말이다.

소음이란, 소리에 욕구와 생각이 버무려진 덩어리다.

욕구와 생각을 내려놓고 소리를 들으면 소리는 그저 소리일 뿐이다.

소리를 안 들으려고 하지 말라.

안 들으려고 하면 더 들린다.

소리가 들리면 어떠어떠한 소리를 듣고 있음을 알아차림한다.

소음이 안 들렸으면 하는 마음이 있으면 안 들렸으면 하는 그 마음을
바라본다.

몸이 하는 호흡에 간여하지 않듯이 외부 소리에 간여하지 않는다.

소리는 소리가 있는 곳에 그냥 둔다.

Let it be.

소리가 들리면 그냥 듣는다.

다만 듣고 있음을 알아차림한다.

그리고 호흡 감각으로 돌아온다.

소리가 들려도 괜찮다.

소리가 들려도 마음에 걸림이 없으면 명상을 잘하고 있는 것이다.

소리가 안 들리고 호흡 감각만 느끼는 삼매로 들어가려고 하지 않는다.

그저 욕구와 생각을 내려놓고 가만히 쉰다.

다만 또렷이 깨어서 말없이 이 모든 과정을 바라본다.

　　　　　　　　　　　　　　　　　　

왜 하필 호흡인가?

다른 자극도 많은데 왜 하필 호흡 감각에 주의를 모으느냐고 질문할 수 있다. 왜 그렇게 할까? 바로 호흡 감각이 적어도 초보자에게는 재미없고 심심한 자극이기 때문이다. 호흡 감각이 재미없고 심심한 자극이기 때문에 오히려 주의집중 훈련에 도움이 되고 일어나고 사라지는 생각을 관찰하고 내려놓는 훈련에 좋은 것이다.

재미있고 신기한 자극에는 노력하지 않아도 자동적으로 주의가 가고 주의가 유지된다. 그러나 호흡 감각은 어떤가? 호흡 감각에 주의를 모아 보면 1분도 집중이 되지 않고 이런 생각, 저런 생각에 주의가 가 있는 것을 경험하게 될 것이다.

역설적이게도 바로 그렇기 때문에, 호흡 감각에 주의를 주려고 하면 자꾸 다른 생각이 나서 호흡 감각에 주의를 집중하기 어렵기 때문에, 호흡 감각에 주의를 집중하는 것이 주의집중력을 기르기에는 딱 좋은 것이다.

자신이 좋아하는 영화나 드라마를 본다면, 자신이 좋아하는 컴퓨터 게임을 한다면 주의집중 훈련은 전혀 이루어지지 않을 것이다. 특별히 노력하지 않아도 그냥 자동으로 주의집중이 이루어지기 때문이다.

호흡 감각은 주의집중이 잘 안 되니까 다른 생각이 일어나기 쉽다. 그렇기 때문에 생각이 일어났을 때 그것을 알아차림하고 관찰하고 내려놓는 훈련이 가능한 것이다.

호흡 감각이 재미없고 심심하다는 것이 주의집중, 관찰과 내려놓음 등의 훈련이 잘된다는 것을 보장한다기보다는 그러한 훈련을 잘할 수 있는 필요조건이 된다는 것이다. 호흡 감각에 주의를 집중하는 것이 어려운 것을 오히려 주의집중의 기회로 삼을 수 있다는 것이다.

호흡 감각이 재미없고 심심함에도 불구하고 무던히 주의를 주다 보면 집중을 방해하는 것들에 대한 알아차림 능력도 계발되고 집중력도 늘게 된다.

도서관에 앉아서 공부를 하거나 회사에서 컴퓨터 앞에서 업무를 보는 경우, 오래 앉아 있다고 공부나 업무를 잘하는 것은 아니다. 공부를 한다고 혹은 업무를 본다고 앉아 있어도 주의는 다른 데 가 있는 경우가 종종 있다. 완전히 주의가 다른 데 가 있는 경우도 있지만, 많은 경우 주의의 50퍼센트는 공부나 업무에 가 있고 나머지 50퍼센트는 다른 일을 생각하거나 공상에 빠져 있다.

문제는 자신의 주의가 다른 것으로 분산되었는지를 잘 모른다는 것이

다. 주의의 일부가 공부나 업무에 투입되어 있기 때문에 자신은 공부
나 업무만을 본 것으로 착각하는 것이다. 그리고 시험 성적이 안 나오
거나 업무 진행이 잘 안되면 자신을 무능한 사람으로 규정짓고 열등감
을 느끼기도 한다.

호흡 마음챙김을 연습하면, 집중의 대상과 무관한 생각의 움직임을 잘
알아차림하고 내려놓고 집중의 대상으로 돌아오는 능력이 증진되어
공부나 업무의 효율도 올라간다.

호흡 마음챙김 명상을 한다. 밖에 사람들이 왁자지껄 큰 소리로 얘기
하며 걸어간다. 순간적으로 '왜 공공장소에서 조용히 다니지 않고 시
끄럽게 떠들며 다니나?'라는 생각이 든다. 이미 소리가 아니라 소리에
듣기 싫은 마음이 붙은 덩어리를 듣고 있는 것이다. 이때 바른 마음챙
김은 '소리를 듣고 있구나.' 하고 알아차림하는 것이다. 아울러 '시끄
럽다는 생각을 하고 있구나.' 혹은 '듣기 싫어 하는구나.' 하고 알아차
림하는 것이다.

소리를 듣고 있었다. 즉 1차적인 알아차림은 있었다. 그런데 소리를
듣고 있음에 대한 알아차림, 즉 2차적 알아차림인 상위알아차림은 하
지 못하고 곧바로 욕구와 생각과 버무려 버렸던 것이다. 소리와 소리
에 붙은 욕구와 생각을 구분할 수 있어야 한다. 생선 가시 바르듯이 구
분할 수 있어야 한다. 소리 들음과 욕구와 생각의 발생을 알아차림할

수 있어야 한다.

호흡이 느껴지면 호흡을 느끼는 것에 그치지 말고 '호흡 감각을 느끼고 있구나.'를, 더 정확하게 마음챙김하면 '날숨의 호흡 감각이 따뜻함을 느끼고 있구나.'를 알아차림한다. 아울러 기분이 좋아지면 '기분 좋아하고 있구나.'라고 알아차림할 수 있어야 한다.

호흡 감각을 잘 느끼고 있고 호흡 감각을 느끼고 있음을 잘 알아차림한다. 그러다 문득 집필 작업을 빨리 끝낼 생각을 하고 있다. 또 일요일에 아버지의 입원 병원을 옮겨드렸던 일을 생각하고 있다. 그러다 퍼뜩 잡생각을 하고 있음을 깨닫는다. '아, 이렇게 잡생각을 하다니.' 하며 자기를 비난한다. 순간 또 '이렇게 비난하지 말고 부드럽게 대해야지.' 하는 생각을 한다. 그리고는 호흡 감각으로 돌아온다. 이때 제대로 마음챙김 명상을 했다면 잡생각을 했음에 대한 알아차림, 자기를 비난함에 대한 알아차림, 부드럽게 대하자고 스스로 충고함에 대한 알아차림, 호흡으로 돌아옴에 대한 알아차림이 있어야 한다.

소리를 만든 놈은 누구인가?
호흡 감각을 만든 놈은 누구인가?
소리를 들은 놈은 누구인가?
호흡 감각을 느낀 놈은 누구인가?

소리에 부정적으로 반응하는 놈은 누구인가?
소리를 듣고 있음을 알아차림하는 놈은 누구인가?

몸으로 혹은 마음으로 하는 행위에 대한 마음챙김, 즉 자각을 하다 보면
결국 '나는 누구인가?' 하는 물음이 올라온다.

나는 누구인가?

내가 누구인지 새롭게 보이기 시작한다.

'나'로부터 조금 느슨해진다.

호흡명상
안내문

아래의 안내문은 명상 초보자들의 명상을 돕기 위해 호흡명상을 시작할 때 사용할 수 있는 문구다.

호흡명상을 호흡 집중명상으로 수행할 때는 호흡감각 자체에 모든 주의를 기울이며 매순간 변화하는 호흡감각을 잘 관찰하도록 한다. 외부의 소리가 들리거나 이런저런 생각이 나면 잘 알아차림하고 다시 호흡감각으로 돌아온다. 소리를 안 들으려고 하면 더 들린다. 들리든 말든 그냥 내버려 두고 Let it be, 단지 호흡감각에 더 주의를 두도록 한다. 이런저런 생각이 나면 생각을 쫓아가거나 쫓아내지 말고 '이런저런 생각이 났구나.' 하고 알아차림하고 호흡감각으로 돌아오면 된다. 생각이 또 나더라도 실망하거나 화 내지 말고 '음, 그래.' 하고 그냥 내버려 두고 Let it be, 호흡감각을 더 자세히 관찰하도록 한다.

호흡명상을 호흡 마음챙김 명상으로 수행할 때는 호흡 집중명상을 하면서 전체 과정을 떨어져서 바라보며 마음챙김의 힘과 기술을 기르도록 한다. 호흡 집중명상을 하면서 자신이 행하고 경험하는 모든 것에 대해 어떠한 욕구나 생각도 붙지 않은 순수한 자각을 유지한다. 호흡감각을 느낄 뿐만 아니라 자신이 지금-여기에서 호흡감각에 주의를 주고 있음을 자각하며 외부의 소리가 들리거나 어떤 생각이 나면 소리를 듣고 있음과 어떤 생각이 일어났음을 자각한다. 소리를 듣거나 생각이 일어났을 때 어떤 반응을 보인다면 그 반응에 대해서도 떨어져서 지켜본다.

명상 안내문은 스스로 녹음하여 사용해도 되고 필자가 녹음한 것을 사용해도 좋다. 필자가 녹음한 명상 안내문을 필자의 블로그^{http://blog.} naver.com/peace_2011 '명상자료실'의 '명상안내문'이라는 제목의 글에 첨부파일로 올려놓았으므로 각자 내려 받아 사용할 수 있다. 시작 안내문만 녹음되어 있으니 끝내는 시간은 각자가 정해서 마치면 된다.

자—
몸과 마음을 편히 합니다.
어깨에 힘을 툭 떨어뜨리고
마음을 호흡에 모으겠습니다.

호흡을 통제하지 않습니다.
단지 호흡 감각을 가만히 지켜봅니다.
들숨이 언제 시작하고 언제 끝나는지
날숨이 언제 시작하고 언제 끝나는지
가만히 호흡을 지켜봅니다.

들숨, 날숨
코를 통해 공기가 들어오고 나갑니다.
들어오고 나가는 공기를 통해 코 안에서 촉감이 느껴집니다.
스치는 느낌
들숨의 약간의 시원함과 날숨의 약간의 따뜻함
이러한 호흡 감각에 가만히 마음을 모읍니다.

밖에서 소리가 들리면
안 들으려고 하지 말고
그저 알아차림하고 내려놓습니다.
소리와 다투지 않습니다.

안에서 이런저런 생각이 나면
생각을 안 하려고 애쓰지 말고
그저 알아차림하고 내려놓습니다.

생각과 다투지 않습니다.

단지 코 안에서 느껴지는 호흡 감각을 잘 지켜봅니다.

명상 동안은 다 내려놓습니다.
좋은 일도 나쁜 일도
걱정도 기쁨도
다 내려놓습니다.
단지 지금-여기에 존재하고 있고
내 몸은 호흡을 하고 있습니다.
내 의식은 또렷이 깨어 그 호흡을 지켜볼 뿐입니다.

(명상)

자—
크게 들숨 날숨 하며 마치겠습니다.
크게 들숨 날숨 심호흡하며 마치겠습니다.

제5장

몸
바라보며
마음챙김하기

—

몸 마음챙김 명상

몸 집중명상은 몸의 각 부위에 순수한 주의를 주고 그곳에서
의 감각과 하나가 되는 것이다. 욕구와 생각을 내려놓고 모든
주의를 몸에서 느껴지는 감각에 주는 것이다. 다시 말하면 오
로지 몸의 감각만을 바라봄으로써 몸의 감각만을 느끼는 것
이다.

몸 마음챙김 명상은 몸 집중명상이라는 행위를 마음챙김한
다. 호흡 마음챙김 명상에서 설명했던 많은 부분들이 몸 마음
챙김 명상에도 적용된다. 다만 몸 마음챙김 명상에서는 순수
한 주의집중의 대상을 몸의 감각 전체로 하고 각 부위로 체계
적으로 이동하면서 마음챙김한다는 것이 호흡 마음챙김 명상
에서와 다르다.

몸에 대한
'순수한' 관심

요즘만큼 사람들의 몸에 대한 관심이 지대한 적이 또 있었을까?
자식의 '숨은' 키를 찾기 위해 부모들은 거금을 투자한다. 아파트 상가 안내광고의 절반 이상이 피부 관리, 두피 및 탈모 관리, 손톱 관리, 비만 관리 등으로 채워져 있다. 지하철 전동차 내의 광고에도 비포-애프터 사진을 담은 얼굴 성형수술 광고가 빠지지 않고, 지하철 스크린도어의 대형 광고판에서는 커다란 가슴 사진이 가슴 성형수술을 권유하고 있다. 젊은 여성치고 몸매를 관리한다고 다이어트 한 번 안 해본 사람이 있을까?

이러한 몸에 대한 관심은 대체로 독재적이고 폭압적이다. 특정한 이상적 형태의 몸이 상정되고 그것에 자신의 몸을 맞춰야 한다는 강한 외부적 압력과 내부적 욕망이 있다.
몸이 말하는 소리에 귀를 기울여 본 적이 있는가?

모르는 사이에 혈압과 혈당은 높아져 간다. 컴퓨터 앞의 자판과 마우
스를 작동하는 동안 어깨는 굳어 가고 목은 거북이 목이 된다. 위장에
서 보내는 신호와는 무관하게 음식을 먹고 기호음료를 마신다. 주어진
일과 씨름하느라 얼굴 근육이 굳고 양미간이 찌푸려지는 줄도 모른다.

이렇게 저렇게 우리를 위해 애쓰는 몸.
그 몸에 관심을 갖자.
독재적이고 폭압적 관심이 아니라 부드러운 민주적 관심을 갖자.
민초들의 소리에 귀를 기울이는 훌륭한 정치인처럼
몸이 말하는 소리에 귀를 기울여 보자.
이런저런 오염된 관심을 잠시 내려놓고
몸에 대해 순수한 관심을 가져 보자.

몸 마음챙김 명상의 목적

욕구와 생각을 내려놓고 감각에만 집중하는 기초 훈련이다.

우리 몸의 감각과 친해지는 훈련이다.

욕구와 생각이 버무려지지 않은 순수한 감각을 경험하는 훈련이다.

몸 전체 혹은 몸의 각 부위에 붙어 있는

욕구와 생각을 내려놓는 훈련이다.

이러한 몸의 감각에 대한 집중과 함께

마음챙김의 힘과 기술을 양성하는 기초 훈련이다.

우리의 몸과 마음은 알게 모르게 긴장되어 있는 경우가 많다.

또한 긴장되어 불편할 때 힘을 빼는 것이 아니라

오히려 더 힘을 주어 긴장을 높이는 경향이 있다.

몸 마음챙김 명상은 기본적으로 주의 훈련이며

몸과 마음의 이완 효과도 가져온다.

몸 마음챙김 명상의 방법 — 기본

몸과 마음을 편히 한다.

일부러 긴장을 풀려고 특별한 기법을 사용할 필요는 없다.

단지 몸의 각 부위에 순차적으로 주의를 집중하여

각 부위에서의 감각을 잘 느끼면 된다.

긴장하고 있는가.

딱딱한가.

부드러운가.

불편한가.

통증이 있는가.

갑갑한가.

가려운가.

차가운가.
따뜻한가.
뜨거운가.

몸의 각 부위에 주의를 주면
문득 긴장이 툭 풀리며 이완감이 느껴지기도 한다.
그러나 일부러 이완감을 느끼려고 할 필요는 없다.
특정한 감각을 상상으로 느끼려고도 하지 않는다.
단지 몸의 각 부위에서 어떤 감각이 느껴지는지
가만히 주의를 집중하면 된다.

몸이 어딘가 불편할 때
불편에서 벗어나고 싶어 하는 욕구를 잘 마음챙김한다.
편하게 만들려고 애쓰지 말고
그냥 불편함을 가만히 정확하고 자세히 바라보고
이것을 잘 마음챙김한다.

싫다고 쫓아내려고 애쓰지 않는다.
좋다고 붙잡거나 쫓아가려고 애쓰지 않는다.
단지 가만히 지켜본다.

자신의 신체 혹은 각 신체 부위에 대한
어떠한 욕구나 고정관념도 내려놓는다.
떠오르게 되면 어떤 욕구나 생각인지를 잘 알아차림하고 내려놓고
다시 몸의 감각으로 돌아온다.

이 모든 과정에서 자신이 무엇을 하고 있고 무엇을 경험하고 있는지를
고요히 떨어져서 지켜본다. 몸의 각 부위에서 어떤 감각을 느끼고 있
음을, 순수한 주의를 주면서 감각이 변화하면 감각이 변화하고 있음
을, 이런저런 욕구와 생각이 오고 가면 그런 줄을 떨어져서 잘 알아차
림한다.

욕구와 생각을 내려놓고 순수하게 감각만을 잘 느끼는 것은 좋은 몸
집중명상이다. 몸 마음챙김 명상을 위해서는 몸의 어떤 부위에서 어떤
감각을 느끼고 있음을 잘 알아차림한다.

떨어져서 보는 초연한 의식, 그 자리, 마음챙김의 자리.
말없이 마음의 어떠한 내용도 바라보는 그 자리.
그 자리를 놓치지 않는다.

몸 마음챙김 명상하기 —
머리부터 발끝까지

자세는 앉거나 서거나 눕거나 어떤 자세에서도 할 수 있다. 다만 몸의 각 부위에 대해 차례로 '몸 마음챙김 명상의 방법 — 기본'을 적용하면 된다.

아래에 제시하는 순서를 반드시 따르지 않아도 된다. 자신이 더 편한 순서를 정해도 좋다. 혹은 굳이 순서를 정하지 않고 몸의 부위를 하나씩 마음챙김하며 몸 전체를 마음챙김해도 괜찮다.

몸 마음챙김 명상을 할 때는 감각을 느낄 수 있는 모든 부위에 대해 순수한 주의를 준다. 피부, 근육, 내부 기관 등 감각을 느낄 수 있는 모든 부위에 대해 순수한 주의를 주며 마음챙김한다. 서두르지 말고 시간을 갖고 천천히 몸의 각 부위에서의 감각을 음미하듯이 진행한다. 잡념이 들거나 외부 소리가 들려도 간여하지 말고 가만히 몸의 감각으로 돌아온다.

머리 윗면, 머리 뒷면, 이마, 머리 안쪽

양쪽 눈썹

양쪽 눈, 눈꺼풀, 안구, 안구 주변의 근육

양쪽 귀

코, 콧구멍 안쪽

입술, 혀, 이, 잇몸, 경구개, 연구개, 입 안쪽

뺨, 뺨 안쪽

턱, 턱관절

목 앞면, 목 뒷면, 목 안쪽

양쪽 어깨

왼쪽 팔: 윗팔, 팔꿈치, 아래팔, 손, 손가락

오른쪽 팔: 윗팔, 팔꿈치, 아래팔, 손, 손가락

가슴: 앞면, 뒷면, 폐

배, 등, 허리

위, 간, 소장, 대장, 신장, 방광 등 내부 장기

치골 부위, 엉덩이, 성기 등 골반 부위

왼쪽 다리: 허벅지, 무릎, 종아리, 발, 발가락

오른쪽 다리: 허벅지, 무릎, 종아리, 발, 발가락

이상을 차례로 '몸 마음챙김 명상의 방법 — 기본'을 적용하여 마음챙
김한다.

 마음챙김 명상 멘토링

누워서
몸 마음챙김 명상

몸의 이완이나 휴식을 위한 목적이라면 누운 자세에서 몸 마음챙김 명상을 하는 것이 좋다. 불면증이 있는 사람이라면 누워서 몸 마음챙김 명상을 하다가 잠이 들어도 좋다.

편안히 눕는다.
반듯이 누워도 좋고
옆으로 누워도 좋다.

중요한 것은 온 몸을 중력에 맡긴다는 자세로 눕는 것이다.
편안히 누운 상태에서도 몸은 완전히 이완하고 있지 못하다. 몸 어딘가에 긴장이 지속되고 있다.

마치 몸의 근육 하나하나가 모두 풀어져 버려 바닥에 놓이는 것처럼

눕는다. 마치 몸이 바닥 속으로 좀 더 내려가는 듯한 느낌이 느껴질 수
있다. 지극히 편안한 상태에서 머리끝에서 발끝까지 몸 마음챙김 명상
을 적용한다.

짬짬이
몸 마음챙김 명상

시간을 따로 내서 몸 전체에 대해 마음챙김 명상을 적용해도 좋지만 일상생활 중에 짬짬이 자신의 몸에서 느껴지는 감각에 가만히 주의를 기울여도 좋다.

호흡 마음챙김 명상 시작할 때

걸을 때

버스 정류장이나 지하철역에 서서 버스나 지하철 기다릴 때

엘리베이터 기다릴 때

대형마트 계산대에서 기다릴 때

운전을 하면서 도로가 막힐 때

컴퓨터 작업 하다가 잠시 쉴 때

몸 마음챙김을 한다.

평소에 틈나는 대로 몸 마음챙김을 한다.

굳이 몸 전체에 대해 순수한 주의를 주며 마음챙김하지 않아도 된다.
틈틈이 자신의 얼굴에 대해 순수한 주의를 주며 마음챙김한다.

책을 읽다가 쉴 때 눈과 눈 주변의 근육에 순수한 주의를 주며 마음챙
김한다. 눈의 힘을 빼는 것만으로도 눈의 피로가 상당히 개선된다. 컴
퓨터 작업을 하다가 간간이 어깨, 팔, 손, 손가락 등에 순수한 주의를
주며 마음챙김한다.

평소에 양미간에 주름을 잡고 있거나 어깨를 긴장시키는 버릇이 있음
을 알게 되었다면 틈나는 대로 자신의 양미간이나 어깨에 순수한 주의
를 주고 바라본다. 그리고 이렇게 주의를 주고 있고 어떤 감각을 느끼
고 있는지를 마음챙김한다.

얼굴
마음챙김 명상

틈틈이 자신의 얼굴에 순수한 주의를 주며 마음챙김하는 것은 좋다.
얼굴은 특히 정서와 밀접한 관련이 있다.

얼굴에 순수한 주의를 주면 자신의 정서 상태를 아는 데 도움이 된다.
또한 얼굴에 순수한 주의를 주는 것만으로도 얼굴 근육들의 긴장이 풀
리고 편안해진다. 결과적으로 정서도 편안해진다.

얼굴 마음챙김 명상에서는 이 모든 과정에서 경험되는 것들을 또렷이
떨어져서 바라보는 것을 놓치지 않는다.

제6장

오감
바라보며
마음챙김하기

-

우두커니 마음챙김 명상

호흡 마음챙김 명상에서 설명했던 많은 부분들이 우두커니 마음챙김 명상에도 적용된다. 다만 우두커니 마음챙김 명상에서는 순수한 주의집중의 대상을 호흡 감각처럼 특정한 유형의 감각으로 고정시키지 않고 전체 감각으로 열어 놓고 마음챙김한다는 것이 호흡 마음챙김 명상에서와 다르다.

몸 마음챙김 명상과 다른 점은 우두커니 마음챙김 명상에서는 순수한 주의집중의 대상인 감각을 몸의 감각인 체감각으로만 국한하지 않고 시각, 청각, 미각, 후각 등 모든 감각으로 확장하고 마음챙김한다는 것이다.

우두커니
마음챙김 명상의 방법

우두커니 마음챙김은 순수한 주의집중의 대상을 특별히 정하지 않고 마음챙김하는 것이다. 우선 모든 감각의 문을 열어 두고, 욕구와 생각을 내려놓고 선택 없이, 우두커니 주의가 가는 대로 경험되는 감각을 알아차림한다. 여기까지는 우두커니 집중명상이라고 할 수 있다. 우두커니 마음챙김 명상은 여기에 순수한 상위주의인 마음챙김을 유지하는 것이다. 자신이 무엇을 하고 있는지에 대한 순수한 자각을 유지하는 것이다. 어떤 감각을 느끼고 있는지, 어떤 욕구와 생각이 들고 있고 내려놓고 있는지 등을 떨어져서 지켜보는 것이다.

우두커니 마음챙김 명상은 어떤 자세에서도 할 수 있다. 어디에서도 할 수 있다. 카페에서도 지하철 안에서도 백화점 안에서도 도서관이나 사무실에서도 할 수 있다.

단순한 행위의 경우에는 행위를 하면서도 우두커니 마음챙김을 할 수 있다. 걸으면서 걸음과 관련된 감각만으로 주의를 제한하지 않으면 우두커니 마음챙김을 할 수 있다. 몸은 단지 걷고 있다. 안전하게 걷는 데 일정한 주의가 배분된다. 나머지 주의는 모두 감각으로 돌리고 그때그때 느껴지는 감각을 느낀다. 이 모든 과정에서 자신이 무엇을 하고 있고 느끼고 있는지에 대한 순수한 상위주의를 유지한다.

이런저런 욕구와 생각이 올라오는 경우에는 호흡 마음챙김 명상에서처럼 다뤄 준다.

체계적 감각
마음챙김 명상

체계적 감각 마음챙김 명상은 특정한 감각을 순수한 주의집중의 대상
으로 정하고 마음챙김하는 명상이다.

보통 호흡 마음챙김 명상이나 몸 마음챙김 명상에 포함되지 않는 시각
이나 청각을 순수한 주의집중의 대상으로 삼고 마음챙김한다. 체계적
감각 마음챙김 명상은 우두커니 마음챙김 명상에 도움이 된다. 의도적
으로 특정한 감각에 집중하며 마음챙김하는 훈련을 하면 특별히 감각
을 정하지 않고 감각에 대해 마음챙김하는 우두커니 마음챙김 명상에
도움이 된다.

색깔 집중명상

가급적 색에만 순수한 주의를 준다.
욕구와 생각을 내려놓고 색에만 주의를 준다.

색이 보인다!

얼마나 다양한 색깔들이 있는가!

그동안 색을 본 것이 아니다. 개념을 본 것이다. 색은 그저 보조적으로만 보았다.

이 모든 과정을 떨어져서 본다. 이러한 시도를 하고 있고 이러한 경험을 하고 있음을 가만히 마음챙김한다.

이것이 **색깔 마음챙김 명상**이다.

모양 집중명상

모양에만 순수한 주의를 준다.

주변에 넘치는 다양한 모양들!

그동안 모양을 본 것이 아니다. 개념을 본 것이다. 모양은 그저 보조적으로만 보았다.

이 모든 과정에 순수한 주의를 준다. 이러한 시도를 하고 있고 이러한 경험을 하고 있음을 가만히 마음챙김한다.

이것이 **모양 마음챙김 명상**이다.

소리 집중명상

의미가 아니라 소리에 순수한 주의를 준다.

소리의 높고 낮음

소리의 크고 작음

소리의 음색

소리의 변화

다양한 소리들!

그동안 소리를 들은 것이 아니다. 개념을 들은 것이다. 소리는 그저 보조적으로만 들었다.

이 모든 과정을 또렷이 자각한다. 이러한 시도를 하고 있고 이러한 경험을 하고 있음을 가만히 마음챙김한다.

이것이 **소리 마음챙김 명상**이다.

그냥 쉬어

그냥 쉬어!
욕구와 생각 내려놓고 그냥 쉬어!

굳이 호흡 감각이나 특정한 감각을 선택하고 초점을 둘 필요도 없다.
그저 지금-여기에 존재할 뿐.
들리면 들리는 대로 듣고, 보이면 보이는 대로 보고,
몸에서 느낌이 있으면 느껴지는 대로 느낀다.
다만 소리로 들을 뿐, 다만 색으로 모양으로 볼 뿐,
다만 몸의 느낌을 느낄 뿐 어떠한 욕구나 생각도 붙이지 않는다.

지금-여기에 존재할 뿐.
의식은 또렷이 깨어 감각을 느끼고 있고
자각 역시 또렷이 깨어서 지켜볼 뿐이다.

지하철에서의
우두커니 마음챙김 명상

지하철에 앉아 눈을 감는다.

에어컨의 '웅 —' 하는 저음이 계속된다.

젊은 여성의 기침 소리

중년 남성이 휴대폰으로 통화하는 굵은 목소리

지나가는 사람들의 발자국 소리

보다가 버린 선반 위의 신문 주워 가는 사람의 부산한 움직임

다음 정차할 역을 안내하는 방송 소리

엉덩이가 쇠로 만든 의자에 닿아 있는 느낌

덜컹거리는 흔들림

공기가 코를 통해 들어오고 나가는 느낌

등등.

욕구와 생각을 쉬고 깨어 있으면 모든 감각이 분명하게 느껴진다.

이렇게 느끼고 있음을 잘 마음챙김한다.

쉬라고 해도 욕구와 생각은 잘 쉬지를 못한다.

이런저런 욕구와 생각을 잘도 만들어 낸다.

감기 균이 옮는 것 아닌가.

지하철이 개인 사무실인 줄 아나.

조용히 좀 걷지.

신문은 지하철이 좀 한가할 때 수거하지.

일본어 안내방송 듣다 보면 일본어도 배울 수 있겠다.

쇠로 만든 의자 좀 편안하게 개선하지.

오늘따라 유난히 덜컹거리네.

공기가 답답한 것 같군.

등등.

그러면 알아차리는 대로 내려놓는다.

내려놓는다고 해서 욕구와 생각에 특별히 무엇을 하는 것은 아니다.

단지 다시 감각으로 돌아올 뿐이다.

욕구와 생각이란 하지 말라고 하면 더욱 기승을 부리는 청개구리 특성

　　　　　　　　　마음챙김 명상 멘토링

이 있는지라, 쉬지 않고 왜 나왔냐고 야단치거나 들어가라고 윽박지르
지 않는다.

다만 '나왔구나.' 하거나
'이런저런 욕구와 생각이 나왔구나.' 하고
알아주고
그냥 감각으로 돌아오면 된다.

덜컹덜컹
덜컹덜컹.

감각으로
감각으로.

또렷이 깨어 지켜봄
또렷이 깨어 지켜봄.

지하철과 버스를
행복하게 타는 법

차가 드물었던 어린 시절에는 차를 타는 것만으로 행복.

흔들흔들 차 타는 것이 재미있다.

차창 밖으로 스쳐 가는 풍경들이 신기하다.

차를 타는 재미를 잊은 지 오래다.

지하철에 앉아 마음을 비운다.

가만히 감각에 주의를 모은다.

이런저런 소리를 듣는다.

덩어리로 듣지 않으려 한다.

낱낱이 나누어 듣는다.

문득 지하철의 덜컹거리는 흔들림이 느껴진다.

재미있다!

흔들흔들 재미있다!

마치 어린 시절에 차를 타던 것과 같은 재미가 느껴진다.

사람들은 놀이동산에 가서 놀이기구를 탈 때 신나 한다.
청룡열차를 타고, 바이킹을 타고, 자이로드롭을 탈 때 신이 난다.
일상의 욕구와 생각은 내려놓아지고 감각으로 온통 주의가 간다.
새로운 감각을 느끼며 즐긴다.
매일 타는 버스나 전철에서는 재미를 느끼지 못하지만.

욕구와 생각을 내려놓으면 모든 감각은 처음 느끼는 감각.
마음에서 욕구와 생각을 비우면 감각이 들어온다.
전깃불도 안 들어오는 시골에서 처음 대처로 나온 사람처럼
지하철, 버스에서 새롭고 신기한 감각을 느낀다.

마음이 가난한 자 복이 있나니
일상의 감각이 행복하다.
일상의 감각이 신비하다.

이 모든 과정에서 마음챙김을 놓치지 않고
고요한 자각을 유지한다.

더 무얼 바라는가

지금-여기 존재할 뿐.

숨 쉬고 있을 뿐
숨을 의식할 뿐
이런저런 소리를 들을 뿐
이런저런 몸의 감각을 느낄 뿐
지금-여기 앉아 있음과 감각을 느끼는 것을 의식할 뿐.

이런저런 욕구와 생각은 나타나고 사라지며 흘러가고
이 모든 과정에서 또렷이 깨어 있는 자각은 지속되고
마음은 평화로울 뿐.

더 무얼 바라는가.

 마음챙김 명상 멘토링

Just Sitting

그냥 앉아 있을 뿐.
아무 것도 하지 않아도 된다.
그저 지금-여기를 느끼며 앉아 있으면 된다.

하루에 10분 혹은 20분
1번 혹은 2번이라도
아무 것도 하지 않고 앉아 있을 수 있다는 것.
그것은 축복이다.

그 위에 순수한 깨어 있음의 자각까지 함께하고 있다는 것.
그것은 경이로움이다.

쾃!

마음의 저울에는
늘 이런저런 욕구와 생각의 짐이 올려 있다.

마음의 창에는
늘 이런저런 욕구와 생각의 얼룩이 묻어 있다.

욕구와 생각이 내려놓아졌을 때
욕구와 생각이 닦여졌을 때.

지금 이 순간
보이는 것
들리는 것
맛보는 것

감촉되는 것 ….

팔을 움직이고
다리를 움직이고 ….

모든 감각이 기적!
모든 움직임이 기적!
특별히 더 아름다운 것, 더 감미로운 것, 더 맛있는 것,
더 부드러운 것이 필요한 건 아니다.
특별히 더 정교하고 더 강한 움직임이 필요한 건 아니다.
바로 지금 이 순간의 감각과 움직임이 놀라움이다.
아내가 침대 시트 가는 것을 돕다가 문득 이 모든 것이 놀랍고 감사하다.

하늘을 나는 것이 기적이 아니다.
산을 옮기는 것이 기적이 아니다.

한 잔의 커피
땅위의 한 걸음
이것이 기적이다.

이러한 놀람과 감사를 가만히 마음챙김한다.

제7장

행위 바라보며 마음챙김하기

-

행위 마음챙김 명상

행위 집중명상은 일상의 단순한 행위를 수행함에 있어서 어떠한 잡념 없이, 행위의 결과에 대한 욕구도 내려놓고, 단지 그 행위에만 전념하며 그 행위에 따른 감각에 주의를 집중하는 것이다.

행위 마음챙김 명상은 행위 집중명상을 하면서 마음챙김하는 것이다. 다시 말하면 욕구와 생각을 내려놓고 오로지 일상의 단순한 행위를 실천하면서 동시에 마음챙김하는 것이다. 호흡 마음챙김 명상에서 설명했던 많은 부분들이 행위 마음챙김 명상에도 적용된다. 다만 행위 마음챙김 명상에서는 행위를 하면서 행위와 행위에 따른 감각에 순수한 주의를 집중하면서 마음챙김한다는 것이 호흡 마음챙김 명상에서와 다르다.

욕구와 생각이
필요 없는 행위

이를 닦는 데 욕구와 생각은 거의 필요 없다.

샤워하는 데 욕구와 생각은 거의 필요 없다.

청소하는 데 욕구와 생각은 거의 필요 없다.

음식을 먹는 데 욕구와 생각은 거의 필요 없다.

걸어가는 데 욕구와 생각은 거의 필요 없다.

이런 행위는 거의 자동화된 행위다.

특별히 의도적으로 신경 쓰거나 노력하지 않아도 할 수 있는 행위들이다. 이렇게 자동화된 행동에는 정신 자원이 많이 필요하지 않기 때문에 남는 정신 자원이 이런저런 욕구와 생각에 동원된다.

어제 있었던 일

내일 할 일

TV의 장면들
걱정되는 일
기대되는 일
등등.

행위와 무관한 이런저런 욕구와 생각에 빠진다. 지금-여기서 몸이 하
는 행위에는 거의 주의를 주지 않고 이런저런 공상을 한다.

순수한 주의집중도 없고
순수한 상위주의집중, 즉 마음챙김도 없다.

욕구와 생각에
매몰된 행위 (1)

배가 고팠다가 식사를 할 때

오직 섭식 욕구의 충족에만 모든 주의가 투여되어 있다.

허겁지겁 먹는다.

아무 생각 없다.

다 먹고 나서야

포만감을 느끼며 식사를 마쳤음을 알아차린다.

오랜 시간 동안 물을 마시지 못했다가 물을 마시게 되었을 때

오직 마시기 욕구의 충족에만 모든 주의가 투여되어 있다.

벌컥벌컥 마신다.

아무 생각 없다.

다 마시고 나서야

살 것 같다고 느끼며 물을 마셨음을 알아차린다.

약속시간이 빠듯한데 지하철 계단에서 전동차 들어오는 소리를 들었

을 때

오직 그 전동차를 타겠다는 욕구의 충족에만 모든 주의가 투여된다.

지하철 계단을 헐레벌떡 뛰어 내려간다.

아무 생각 없다.

가까스로 타고 나서야

안도감을 느끼며 전동차에 탔음을 알아차린다.

순수한 주의집중도 없고

순수한 상위주의집중, 즉 마음챙김도 없다.

한 번에 한 가지만 한다.

걸을 때는 걷기만
설거지할 때는 설거지만
먹을 때는 먹기만
샤워할 때는 샤워만
한다.

걸으며 생각하고, 걸으며 계획을 세우고, 걸으며 고민하고,
걸으며 미워하고, 걸으며 회상하지 말고
설거지하며 생각하고, 설거지하며 계획을 세우고, 설거지하며 고민하고,
설거지하며 미워하고, 설거지하며 회상하지 말고
먹으며 생각하고, 먹으며 계획을 세우고, 먹으며 고민하고,

먹으며 미워하고, 먹으며 회상하지 말고
샤워하며 생각하고, 샤워하며 계획을 세우고, 샤워하며 고민하고,
샤워하며 미워하고, 샤워하며 회상하지 말고

걸을 때는 걷기만
설거지할 때는 설거지만
먹을 때는 먹기만
샤워할 때는 샤워만
한다.

걸을 때는 걸을 뿐
설거지할 때는 설거지할 뿐
먹을 때는 먹을 뿐
샤워할 때는 샤워할 뿐
그뿐이다.

다만 또렷이 깨어 이 모든 과정에서 행하고 경험하는 것을
매순간 마음챙김한다.

행위 자체를
위해서 한다

걸을 때는 목적지에 빨리 도착하기 위해 걷는 게 아니라 다만 걷기 위해 걸을 뿐.

도착하는 것이 목적일 때 빨리 도착하려고 한다든지 다른 욕구에 주의가 가게 된다.

걸을 때는 걷기만 할 뿐.

걷다 보면 목적지에 도달하게 된다.

목적지에 도달하는 것이 목적이 아니라 목적지에 도달할 때까지 걷는 하나하나의 행위 자체가 목적이다.

설거지할 때는 그릇 전부를 닦기 위해 설거지 하는 게 아니라 다만 그릇을 닦기 위해 설거지를 할 뿐.

그릇 전부를 닦는 것이 목적일 때 빨리 닦아 버리려고 한다든지 다른 욕구에 주의가 가게 된다.

그릇을 닦을 때는 그릇을 닦기만 할 뿐.

닦다 보면 그릇 전부를 닦게 된다.

그릇을 전부 닦는 것이 목적이 아니라 그릇 전부를 닦을 때까지 그릇을 닦는 하나하나의 행위 자체가 목적이다.

먹을 때는 허기를 충족시키기 위해 먹는 것이 아니라 다만 먹기 위해 먹을 뿐.

허기를 충족시키는 것이 목적일 때 빨리 먹어 버리려고 한다든지 다른 욕구에 주의가 가게 된다.

먹을 때는 먹기만 할 뿐.

먹다 보면 허기를 충족시키게 된다.

허기를 충족시키는 것이 목적이 아니라 허기를 충족시킬 때까지 먹는 하나하나의 행위 자체가 목적이다.

샤워할 때는 몸을 다 씻기 위해 씻는 것이 아니라 다만 씻기 위해 씻을 뿐.

몸 전체를 씻는 것이 목적일 때 빨리 씻어 버리려고 한다든지 다른 욕구에 주의가 가게 된다.

샤워할 때는 샤워만 할 뿐.

씻다 보면 몸 전체를 씻게 된다.

몸 전체를 씻는 것이 목적이 아니라 몸 전체를 씻을 때까지 씻는 하나

하나의 행위 자체가 목적이다.

다만 또렷이 깨어 하나하나의 행위에 순수한 주의를 집중하고
그것에 수반하는 감각을 알아차림하고
이 모든 과정에서 행하고 경험하는 것을 매순간 마음챙김한다.

세상에서 가장 평화로운
자판기 커피 한 잔

마음가짐이 중요하다.

무엇을 하느냐도 중요하지만 어떤 마음가짐으로 하느냐도 중요하다.

평소에 커피를 어떻게 마시는가?

습관적으로 그냥 마시지는 않는가?

유명한 커피전문점의 원두커피가 아니더라도,

비록 100원, 200원 하는 자판기 커피 한 잔을 마셔도 마음가짐에 따라

느껴지는 경험은 매우 달라진다.

한 잔의 자판기 커피를 마음챙김과 함께 마셔 보자.

욕구와 생각을 내려놓고

온전하게 휴식하는 자세로 임한다면

우리가 느끼는 경험은 달라진다.

자판기까지 걸어가는 행위

자판기에서 커피를 선택하기

돈을 꺼내 자판기에 돈을 넣기

커피를 자판기에서 꺼내 들기

한 잔의 종이컵에 담긴 커피를 가만히 바라보고 냄새를 맡기

한 모금씩 음미하듯이 마시기.

이렇게 커피를 마시며 행위와 그에 따라 경험되는 감각에 순수한 주의를 주고, 이 모든 과정에서 행하고 경험하는 것을 매순간 마음챙김한다.

비록 5분의 시간이라도 온전한 휴식을 취할 수 있을 것이다.

걷기
마음챙김 명상

현대인은 여러 가지로 바쁘다. 걸음도 매우 빠르다. 걸음 속도는 대도
시로 갈수록 더 빨라진다고 한다.

걸음을 단지 A 장소에서 B 장소로 이동하기 위한 수단으로만 생각하
는가? 아니면 마음을 쉬고 몸의 감각에 주변의 광경에 느긋하게 주의
를 주는 휴식의 시간으로 생각하는가?

마음가짐에 따라 우리가 느끼는 경험은 달라진다.

걷기 마음챙김 명상을 할 때

욕구와 생각을 내려놓고 자연스럽게 걷는다.

평소보다 느리게 걸으며 걸음 하나하나를 관찰하는 것도 좋지만, 자연
스럽게 걸으며 또렷이 깨어 걸음에 따른 감각을 알아차림하고, 걷고
있음과 걸음에 따른 감각을 알아차림하고 있음을 알아차림한다.

발바닥이 땅에 닿고 떨어지면서 느껴지는 감각에 순수한 주의를 주어도 되고, 다리의 움직임에 따른 감각에 순수한 주의를 주어도 되고, 걸음에 따라 느껴지는 모든 감각에 순수한 주의를 주어도 된다.

혹은 우두커니 마음챙김 명상 방식으로 해도 좋다.
굳이 주의집중의 대상을 정하지 않고, 다만 욕구와 생각을 내려놓고 걷기에 따른 감각뿐만 아니라 주변의 광경이나 소리에 대해서 순수한 주의를 주어도 좋다.

이 모든 과정에서 매순간 자신이 무엇을 하고 있고 무엇을 경험하고 있는지 또렷이 깨어 알아차림한다.

먹기
마음챙김 명상

귤 하나 까먹는 데도 먹는 데만 마음이 가 있다.

그냥 까서 먹는 데만 급급해하고 있다.

지나친 목적 지향적 태도를 내려놓도록 한다.

욕구와 생각을 내려놓고

귤 대하기를 마치 먼 우주에서 처음으로 지구에 와서 본 것처럼 한다.

모양을 바라보며 음미하고 만져 보며 감촉을 느낀다.

까면서 그 과정 역시 음미한다.

깔 때 껍질이 부서지며 튀어 오르는 껍질 속의 액체 분말도 바라본다.

귤을 간 다음 귤 속도 동일한 방법으로 바라보고 만져 보며 음미한다.

한 조각씩 떼어 바라보고 만져 보며 느낀다.

입안에 넣고 혀로 굴려 보고 깨물어 보고 씹으며 맛을 느낀다.

급할 것이 무엇이 있는가.

먹는 전 과정을 천천히 진행하며 가만히 느껴 본다.

이 모든 과정에서 매순간 자신이 무엇을 하고 있고 무엇을 경험하고
있는지 또렷이 깨어 자각한다.

운전
마음챙김 명상

많은 사람들이 자신의 차를 운전하며 출퇴근한다. 차를 운전하며 무슨 생각을 할까? 대개 무슨 생각을 했는지도 모르는 생각을 한다.

처음 운전을 할 때는 운전이 숙달되지 않아 운전에 온 주의가 집중된다. 라디오를 들을 수도 없고 옆 사람과 대화를 나눌 수도 없다. 그러나 운전에 익숙해지고 나면 적은 주의로도 운전이 가능하기 때문에 남는 주의를 어떻게 할 줄 모른다. 그저 이 생각 저 생각을 하거나 라디오를 듣는다. 앞 차의 번호판을 보며 '2, 8 잡고 9땡이네.' 하며 속으로 '섯다'라는 화투 패를 잡는 사람도 있다.

운전하는 시간만이라도 욕구와 생각을 내려놓으면 어떨까? 바쁜 일상을 살아가는 현대인으로 별도의 명상 시간을 낼 수 없다면 운전하는 시간만이라도 명상의 시간으로 만들 수 있다. 욕구와 생각을 내려놓고

오직 운전에 전념하며 매 순간 자신이 경험하는 것에 대한 분명한 알
아차림을 유지하는 것이다.

운전 마음챙김을 처음 하게 돼서 무엇을 어떻게 마음챙김해야 하는 것
인가 하는 생각이 들면 그런 생각을 하고 있음을 알아차림하고, 운전
에 주의를 주며 운전하고 있음을 알아차림하면 된다.

전방을 주시하고 시야에 들어오는 광경의 변화를 보고 신호등을 준수
하며 차량의 흐름에 맞춰 가속기와 브레이크를 밟고 핸들을 잘 잡아
조정하며 오직 운전만 한다.

이렇게 운전하는 자신을 잘 지켜본다.

마음은 평화롭고 운전을 즐기고 있으며, 의식은 또렷이 깨어 이 모든
과정을 알아차림하고 있다.

제8장

일상생활하며
마음챙김하기

-

일상생활 마음챙김 명상

일상생활 마음챙김 명상은 욕구와 생각을 동원하는 일상생활을 행하면서 동시에 마음챙김을 하는 것이다. 일상생활 마음챙김 명상에서는 집중명상을 하면서 마음챙김할 때처럼 고요한 맛은 적지만 자신을 내면적으로 관조하는 독특한 맛을 느낄 수 있다.

일상생활에서 욕구와 생각을 배제하고 살 수는 없다. 그러나 일상생활 마음챙김 명상을 통해 점차적으로 자신의 욕구와 생각을 잘 이해하게 되고 욕구와 생각을 사용하더라도 그것에 집착하기보다는 굴리는 방향으로 나아갈 것이다. 또한 사용하는 욕구와 생각도 점차적으로 건강해질 것이다.

일상생활 마음챙김 vs. 집중명상형 마음챙김

호흡 마음챙김 명상, 몸 마음챙김 명상, 우두커니 마음챙김 명상, 행위 마음챙김 명상은 집중명상을 하며 마음챙김하는 집중명상형 마음챙김 명상이다. 집중명상형 마음챙김 명상에서는 욕구와 생각을 거의 사용할 필요가 없는 행위를 할 때 그것에 순수한 주의를 주면서 마음챙김을 한다.

호흡 마음챙김 명상, 몸 마음챙김 명상, 우두커니 마음챙김 명상, 행위 마음챙김 명상은 각각 호흡감각을 바라보는 행위, 몸의 각 부위를 바라보는 행위, 오감을 자유롭게 바라보는 행위, 단순한 혹은 상당히 자동화된 행위와 그 행위를 바라보는 행위 등 행위의 실천에 특별히 욕구나 생각이 동원될 필요가 없는 행위를 수행하며 동시에 마음챙김하는 명상이라고 할 수 있다. 또한 이러한 마음챙김 명상은 명상의 시작과 끝이 분명하고 명상하는 동안 명상에만 주의를 기울일 수 있다.

한편 일상생활 마음챙김 명상은 위의 마음챙김 명상과는 달리 일상생활 전반에 걸쳐서 마음챙김을 수행하는 것이다. 일상생활 마음챙김 명상은 하루 중에 위에 소개한 마음챙김 명상을 할 때뿐만 아니라 욕구와 생각을 사용하는 일을 하면서도 가능한 한 마음챙김을 유지하는 수행이다. 욕구와 생각을 사용하는 일을 하다 보면 마음챙김을 유지하기가 쉽지 않다. 욕구와 생각에는 많은 정신 자원이 투여되기 때문에 욕구와 생각을 내려놓은 순수한 주의를 유지하기가 어려운 것이다. 그러나 욕구와 생각을 사용할 때 어떤 욕구와 생각을 하고 있는지를 잘 마음챙김하도록 한다. 특히 일상생활에서 평가나 판단을 전혀 사용하지 않을 수는 없지만, 그러한 평가나 판단을 사용할 때 평가나 판단을 하고 있음을 잘 마음챙김한다.

일상생활에서는 욕구와 생각이 동원되는 일이 많기 때문에 욕구의 좌절이나 좌절예상 혹은 욕구의 충족이나 충족예상에 따라 하루 중에도 여러 정서가 널을 뛰듯이 춤을 춘다. 이러한 정서를 잘 관찰하고 몸과 마음에서 무엇을 경험하고 있는지와 그러한 경험을 하고 있음을 잘 마음챙김한다.

 마음챙김 명상 멘토링

오직 할 뿐

행위 마음챙김 명상에서처럼 일상의 욕구와 생각을 사용하는 일을 할 때도 가급적이면 일과 관련 없는 욕구와 생각을 내려놓고 오직 일과 관련된 욕구와 생각만을 사용하며 일에 집중한다. 특히 현대인은 다른 사람들과 비교하고 경쟁하는 일이 많아 늘 에고에 집착하고 있다. 되도록이면 에고의 강화와 관련된 욕구와 생각을 내려놓고 일에만 몰입한다.

공부를 할 때는 공부만 한다.
평소에도 공부를 해서 1등을 하겠다든지 장학금을 받겠다든지 하는 욕구와 생각은 내려놓는다.
공부와 관련된 욕구와 생각만을 사용한다.
단지 공부를 즐긴다는 태도로 공부한다.

회사에서 프로젝트를 준비할 때는 프로젝트 준비만 한다.

평소에도 프로젝트를 잘해서 두각을 나타내겠다든지 승진을 빨리 하겠다든지 하는 욕구와 생각은 내려놓는다.

프로젝트 수행과 관련된 욕구와 생각만을 사용한다.

단지 프로젝트를 즐긴다는 태도로 프로젝트를 한다.

다산 정약용 선생의 다음과 같은 말씀은 수행의 삶을 살고자 하는 사람이 일상생활에서 유지해야 할 태도를 잘 드러내 준다.

여인불경 심상정 與人不競 心常靜
위공무사 몽역한 爲公無私 夢亦閑

사람들과 경쟁하지 아니하니 마음이 항상 편안하다.

공익을 앞세우고 개인적 욕심을 내려놓으니 꿈속에도 한가하다.

다만 틈틈이 자신이 무엇을 하고 있고 무엇을 경험하고 있는지 떨어져서 본다.

이것이 마음챙김이다.

이것이 수행의 삶이다.

마음챙김 명상 멘토링

곧바로 가라

달마대사로부터 비롯되는 선종禪宗의 삼조三祖 승찬대사의 『신심명
信心銘』에 이렇게 쓰여 있다.

지도무난 至道無難

유혐간택 唯嫌揀擇

단막증애 但莫憎愛

통연명백 通然明白

도에 이르는 것은 어렵지 않다.

오로지 분별하는 마음을 멀리하라.

좋아하고 싫어함만 내려놓으면

명백하게 드러날 것이다.

일상생활에서 마음챙김 명상을 수행한다는 것은 일을 함에 있어서 좋아하고 싫어하는 마음을 내려놓는 것이다. 좋아하는 일이라고 해서 중독되듯이 매몰되지도 않고 싫어하는 일이라고 해서 회피하거나 억지로 하지도 않는다.

좋아하고 싫어하는 마음을 알아차림하고 내려놓고 오직 일에 집중하여 최선을 다하는 것이다. 이것이 양변兩邊에 떨어지지 않고 곧바로 가는 것이다.

설거지하기가 싫으면 싫어하는 마음을 알아차림하고 내려놓고 설거지만 한다. 샤워를 좋아하면 좋아하는 마음을 알아차림하고 내려놓고 샤워만 한다.

하기 싫은 마음을 내려놓는 것도 수행이다.
좋아하는 마음을 내려놓는 것도 수행이다.

곧바로 가라

이 모든 과정에서 자신이 하고 있는 것, 경험하고 있는 것을 떨어져서 본다. 자신이 싫어하는 것뿐만 아니라 좋아하는 것도 내려놓고 떨어져서 볼 수 있어야 한다.

이것이 마음챙김이다.

싫어하는 것뿐만 아니라 좋아하는 것도 내려놓고 마음챙김하는 것.
자신의 손해를 최소화하고 이익을 최대화하려는 욕구를 내려놓고 사
는 삶.
그것이 수행의 삶이다.

무엇이 자신에게 손해고 무엇이 자신에게 이익인 줄 제대로 모르며,
자신의 이익을 최대화하고 손해를 최소화하려고 할 때 그 자기가 누구
인지 제대로 모르는 것이 우리 보통 사람들이다.

싫어하는 것도 좋아하는 것도 똑같이 내려놓고
또렷이 깨어 객관적으로 바라보는 것.
그것이 양변에 떨어지지 않는 수행의 삶이다.

마음챙김과 함께 곧바로 간다.

삶을 깨어 있게 해주는 주문 (1) —
반조!

일상생활 속에서 순간순간 마음이 올라올 때
반조返照!
마음을 돌이켜 비춰 본다.

마음에 욱 하고 올라오는 순간
바로 그 순간!
바로 그 순간!
반조!
마음을 돌이켜 비춰 본다.
마음이 무엇을 하고 있는지
마음에서 무슨 일이 일어나고 있는지
고요히 들여다본다.

운전을 한다.

갑자기 깜박이도 없이 끼어드는 차.

깜짝 놀라 욱 하며 욕이 튀어나오려고 하는 순간

바로 그 순간

반조!

마음을 돌이켜 비춰 본다.

마음이 무엇을 하고 있는지

마음에서 무슨 일이 일어나고 있는지

고요히 들여다본다.

지하철에서 앉아 있던 앞 사람이 내리려고 일어선다.

앉으려고 하는 순간

어디선가 달려와 엉덩이를 들이미는 사람.

황당한 마음에 '아니, 뭐 이런….' 하고 짜증이 올라오는 순간

바로 그 순간

반조!

마음을 돌이켜 비춰 본다.

마음이 무엇을 하고 있는지

마음에서 무슨 일이 일어나고 있는지

고요히 들여다본다.

마음이 쏙 하고 빨려 들어가는 순간

바로 그 순간!

바로 그 순간!

반조!

마음을 돌이켜 비춰 본다.

마음이 무엇을 하고 있는지

마음에서 무슨 일이 일어나고 있는지

고요히 들여다본다.

TV 드라마를 본다.

너무도 재미있게 보고 있다.

오로지 TV 드라마에만 빠져 있다.

바로 그 순간

반조!

마음을 돌이켜 비춰 본다.

마음이 무엇을 하고 있는지

마음에서 무슨 일이 일어나고 있는지

고요히 들여다본다.

반조!

마음을 돌이켜 비춰 본다.

비난도 칭찬도 내려놓고

오직 마음을 돌이켜 자신을 비춰 본다.

삶을 깨어 있게 해주는 주문 (2) ―
지금 뭐해?

일상생활 중에
문득 문득
스스로에게 묻는다.
'지금 뭐해?'

'나'라는 존재가 지금-여기서 무엇을 하고 있는가?
나의 주의는 어디에 가 있는가?
무슨 생각에 빠져 있는가?
어떤 감정에 덮여 있는가?

'지금 뭐해?'
틈날 때마다 가만히 관찰한다.
앉아 있구나.

이런저런 감각을 느끼고 있구나.

이런저런 생각을 하고 있구나.

이런저런 것을 욕구하고 있구나.

이런저런 감정을 느끼고 있구나.

이런저런 행동을 하고 있구나.

이런 관찰을 하다가

문득 '재미있다', '놀랍다', '신기하다'는 생각이 들면

그런 생각이 드는 줄 알아차림한다.

이런 관찰을 하다가

문득 '나'가 새롭게 느껴지면

그런 느낌이 드는 줄 알아차림한다.

'나'로부터 조금씩 자유로워진다.

정서
마음챙김 명상

강한 정서를 경험할 때 떨어져서 보는 것은 쉽지 않다.
마치 강한 자석에 쇠붙이가 끌려가는 것처럼
떼려고 해도 자꾸 끌려가서 붙는 것처럼
떨어져서 보려고 해도 자꾸 정서 속으로 끌려 들어간다.

욕구와 생각을 내려놓으려고 해도 자꾸 욕구와 생각이 꼬리를 물고 올라오며 정서에 점점 더 강한 힘을 넣어 준다. 마치 전자석의 코일에 강한 전류를 흘리면 자석의 힘이 더 강해지듯이 욕구와 생각은 정서의 강도를 더 강하게 한다.

욕구와 생각을 안 하려고 하면 할수록 욕구와 생각은 더 강해진다.
호흡 마음챙김 명상에서 욕구와 생각과 다투지 않고 알아차림하고
내려놓고 단지 호흡 감각에 더 주의를 기울이듯이, 욕구와 생각과 다

투지 말고 알아차림하고 내려놓고 단지 몸의 감각에 더 주의를 기울
인다.

분노를 느낀다면
지금-여기서 나의 몸 어느 곳에서 어떤 감각을 느끼는지 가만히 알아
차림한다.
얼굴에서 열기를 느끼는가?
심장이 빠르게 뛰는 것을 느끼는가?
주먹에 힘이 들어가는 것이 느껴지는가?
어깨가 긴장되는 것이 느껴지는가?
배가 딱딱한가?
이를 앙다물고 있는가?
가슴이 터질 것 같은가?

이 모든 감각을 가만히 하나하나 자세히 관찰한다.
그리고 무엇을 하고 있으며 어디서 어떤 감각을 느끼고 있는지 자각
한다.

바꾸려고 하지 않고 가만히 수용하고 바라보는 것만으로
몸이 부드럽게 변화한다.
마음이 편안하게 변화한다.

비난하거나 쫓아내지 않고 가만히 알아주는 것만으로
몸이 부드럽게 변화한다.
마음이 편안하게 변화한다.

마음챙김 명상 멘토링

그대로
멈춰라

"즐겁게 춤을 추다가
그대로 멈춰라!"
우리 모두 알고 있는 그 동요처럼
그대로 멈춰라!

습관적 반응이 나오려고 할 때 그대로 멈춰라.

아토피의 가려움에 긁음으로 반응하려고 할 때
불안, 우울, 분노 등의 정서가 올라올 때
비난, 비아냥거림, 짜증 등의 반응을 하려고 할 때.
그 순간
바로 그 순간
그대로 멈춰라.

우주가 멈춘 것처럼
그대로 멈춰라.

쫓아가려는 마음도 내려놓고
쫓아내려는 마음도 내려놓고
그대로 멈춰라.

그리고 그 순간 몸의 각 부위에서 느껴지는 감각을
가만히 하나하나 자세히 관찰한다.
동시에 무엇을 하고 있으며 어디서 어떤 감각을 느끼고 있는지 자각
한다.

성찰 VS.
마음챙김

성찰이나 반성^{reflection}은 특정한 정보처리가 끝난 후 기억에 대한 사후적인 정보처리로 어느 정도 자기객관화를 가능하게 해준다. 자신의 몸과 마음의 행동을 돌아보며 잘못된 행동을 하지 않고 바른 행동을 하도록 도와주는 유용한 정보처리다.

그러나 성찰이나 반성은 동시적으로 진행 중인 주의에 대한 주의는 아니므로 상위주의에 속하지 않는다. 또한 성찰이나 반성의 자기객관화는 마음챙김의 그것과는 질 또는 차원이 서로 다르다. 전자가 분석적이라고 하면 후자는 체험적이라고 할 수 있다. 또한 성찰이나 반성은 자칫 균형을 잃고 특정한 가치에 따라 자신을 판단하고 비판이나 비난하는 방향으로 흐를 수도 있다.

자기비난으로만 가지 않는다면, 자신의 몸과 마음의 행동을 돌아보고

건전한 평가나 판단을 통해 잘못된 행동을 하지 않고 바른 행동을 하
도록 도와주는 점에서 성찰이나 반성은 좋은 정보처리다.

다만 성찰이나 반성을 할 때도 자신이 어떻게 어떤 성찰이나 반성을
하고 있는지를 잘 마음챙김하도록 한다.

욕구와 생각에
매몰된 행위 (2)

불안함을 느낄 때 불안과 관련된 욕구와 생각에 빠져 있다.

생각할수록 더 불안하다.

불안하지 않으려고 하면 할수록 더 불안하다.

우울함을 느낄 때 우울과 관련된 욕구와 생각에 빠져 있다.

생각할수록 더 우울하다.

우울하지 않으려고 하면 할수록 더 우울하다.

분노를 느낄 때 분노와 관련된 욕구와 생각에 빠져 있다.

생각할수록 더 화가 난다.

화내지 않으려고 하면 할수록 더 화가 난다.

순수한 주의집중도 없고 마음챙김도 없다.

1차 고통 vs.
2차 고통

고통을 싫어하고 부정하고 회피하고 밀어내려고 하면 고통을 제대로 볼 수가 없다! 마음챙김은 고통을 있는 그대로 보게 해준다. 있는 그대로 보면 해체해서 보게 되고 욕구와 생각을 떼어 낼 수 있게 되어 고통이 감소하거나 제거되기도 한다.

일반적으로 우리가 경험하는 고통은 순수한 고통이 아니고 1차 고통에 저항이 포함된 ^{곱해진} 2차 고통이다. 이것을 도식으로 표현하면 아래와 같다.

$$2차\ 고통 = 1차\ 고통 \times 저항$$

여기서 저항이란 1차 고통과 관련된 욕구와 생각으로 1차 고통을 증폭시킨다.

'괴롭고 싶지 않아.'

'그놈만 없으면 이렇게 괴롭지 않을 텐데. 다 그놈 때문이야.'

'그때 내가 그렇게 행동하지 말았어야 했는데.'

'왜 나만 아토피로 고생해야 하는 거야.'

'왜 우리 부모님은 이혼을 하신 거야.'

'우울하고 싶지 않아.'

'만성통증으로부터 벗어나고 싶다.'

  …….

위의 공식에서 알 수 있듯이 저항이 '0'이라면 2차 고통도 '0'이다.

1차 고통과 관련된 욕구와 생각을 내려놓으면 2차 고통은 없다.

부처님께서는 '두 번째 화살을 맞지 말라.'고 하셨다.

마음챙김은 2차 고통을 소멸시킨다.

마음챙김은 두 번째 화살을 맞지 않게 한다.

관찰은
현상을 교란한다

양자물리학에서는 우리가 관찰하려는 의도가 관찰할 현상에 영향을 줄 수밖에 없다고 말한다. 이것을 '관찰은 현상을 교란한다.'라고 표현한다. 어떤 현상을 관찰하고자 실험을 하면 그 실험으로 인해 관찰하려는 현상이 영향을 받아 변한다는 것이다.

'관찰은 현상을 교란한다.'는 미시세계에 적용된다. 특정 소립자를 관찰하려고 할 때 그것의 위치와 운동량을 동시에 측정할 수가 없는 것도 이 이유 때문이다. 소립자를 관찰하려면 빛을 사용해야 하는데 소립자를 관찰하기 위해 빛을 사용하면 소립자가 빛 입자의 영향을 받아 변화하는 것이다.

'관찰은 현상을 교란한다.'는 거시세계에는 적용되지 않는다. 탁자 위에 놓인 사과를 내가 혹은 누군가가 바라본다고 해서 사과의 모양이나 색깔이 바뀌거나 튕겨 나가는 일은 없다. 간혹 심리적 문제가 있는 사람 중에는 자신이 누군가를 바라보면 눈에서 광선 같은 것이 나가서 그 사람에게 영향을 줄까 봐 걱정하는 사람이 있기도 하다.

'관찰은 현상을 교란한다.'는 미시적 물리 현상뿐만 아니라 심리 현상에도 적용된다. 누가 물어보느냐에 따라 답이 달라진다. '일주일에 몇 번 목욕하느냐?'는 질문에 대한 젊은 남성의 답변은 아름다운 젊은 여성이 물어볼 때와 중년 남성이 물어볼 때 각각 다를 수 있다. 어떻게 물어보느냐에 따라서도 답이 달라진다. 동일한 사람이 '일주일에 몇 번 목욕하느냐?'고 질문할 때와 '한 달에 몇 번 목욕하느냐?'고 질문할 때 각각 다르게 답변할 수 있다.

누군가 보고 있다면 여러분은 그렇지 않을 때와 다르게 행동할 것이다. 나는 아는 사람이 없는 지방도시에서보다 학생들이 많은 학교 앞에서 더 예의 바르고 이타적으로 행동할 것이다. 운동선수들은 관중이 있을 때 더 좋은 기록을 올린다.

'관찰은 현상을 교란한다.'는 한 사람의 마음 내에서도 그렇다. 양심이 작동할 때와 술에 취하거나 해서 양심의 작동이 약할 때 우리의 마음은 다르게 작용할 수 있다. 양심처럼 판단하지 않아도, 단지 바라보기만 하는 마음챙김이 작용해도 마음은 다르게 움직일 수 있다. 우울해하는 마음, 불안해하는 마음, 화내는 마음을 바라보면 바라보지 않을 때와는 다르게 진행한다.

특별히 무엇을 하지 않아도, 단지 바라보는 것만으로 변화가 일어난다. 어떤 상태를 바라보는 것은 그 상태 속에 있는 것과 다르다. 어떤 상태 속에 있게 되면 자동적으로 연결되는 반응연쇄가 일어나지만 그 상태를 바라보게 되면 그런 상태 속에 있는 것이 아니기 때문에 그러한 반응연쇄로부터 자유로울 수 있다. 그럴 때는 다른 선택도 가능해진다.

마음챙김을 위한
최고의 타이밍

강박이 일어나는 바로 이 순간!

'이번 한 번만', '딱 한 번만'이라며 강박이 작동하려는 바로 이 순간
그 강박을 마음챙김한다.

바로 이 순간 몸과 마음에서 경험되는 현상을 떨어져서 정확하게 바라
본다.

'이번 한 번만'이라며 담배를 피우고 싶은 욕구가 올라오는 바로 이
순간!

그 욕구를 마음챙김한다.

바로 이 순간 몸과 마음에서 경험되는 현상을 떨어져서 정확하게 바라
본다.

짜증이 올라오는 바로 이 순간!

그 짜증을 마음챙김한다.
바로 이 순간 몸과 마음에서 경험되는 현상을 떨어져서 정확하게 바라
본다.

화가 올라오는 바로 이 순간!
그 화를 마음챙김한다.
바로 이 순간 몸과 마음에서 경험되는 현상을 떨어져서 정확하게 바라
본다.

쇠뿔도 단 김에 빼라고 했다. 모든 것에 타이밍이 있다. 심리학에는 결
정적 시기critical period라는 개념도 있다. 다른 때라고 안 되는 것은 아니
지만 효과 면에서 가장 적절한 타이밍이 있다. 적절한 타이밍에 적절한
행동을 실천해야 최대의 효과를 얻을 수 있다. 나중에 성찰하고 반성하
는 것도 도움이 안 되는 것은 아니지만 지금-여기서 바로 이 순간 마음
챙김하는 것이 습관적 반응을 교정하는 데 더 효과적이다.

마음챙김을 통해 마음을 다스리고자 할 때도 적절한 타이밍이 있다.
그 타이밍은 바로 다스리고자 하는 마음이 일어나는 순간이다. 화가,
짜증이, 우울이, 불안이, 가려움이, 통증이 올라오는 바로 그 순간 화,
짜증, 우울, 불안, 가려움, 통증을 다스릴 수 있는 최적의 타이밍이 주
어진 것이다.

화, 짜증, 우울, 불안, 가려움, 통증이 올라오지 않는 편안한 마음 상태, 몸 상태에서 어떻게 화의 마음, 짜증의 마음, 우울의 마음, 불안의 마음, 가려움, 통증을 다스릴 수 있겠는가.

화, 짜증, 우울, 불안, 가려움, 통증이 올라오는 바로 그때가 화의 마음, 짜증의 마음, 우울의 마음, 불안의 마음, 가려움, 통증을 다스릴 수 있는 고마운 기회인 것이다!

바로 이 순간
오래된 습관을 만나는 순간
한 번이라도 제대로 마음챙김할 때
쫓아가거나 쫓아내지도 않고 가만히 지켜보아 줄 때
습관의 큰 바퀴는 방향이 바뀌기 시작한다.

바로 이 순간
마음챙김의 순간
자유가 주어진다.
어린 시절까지 거슬러 올라가는 습관이든 일 년 전의 습관이든
다시 또 반복하며 더욱 강화시켜 나갈지 혹은 새로운 선택을 할지 자유가 주어진다. 악연을 더욱 꼬아 나갈지 혹은 여기서 풀어 버릴지 선택의 자유가 주어진다.

바로
이 순간!

경계를 만나는 순간
나의 틀이 올라오는 순간
이래야 한다, 저래야 한다는 자신의 틀이 드러나는 순간
그 순간 마음챙김의 불을 켠다.

마음챙김하는 순간 나의 틀이 드러난다.
마음챙김 못 하면 또 다시 나의 틀의 지하 감옥에 갇힌다.

신화에서 괴물이 모습을 드러내는 순간 목을 치듯이, 화살을 날리듯이
나의 틀이 드러나는 순간 마음챙김의 불을 켠다.

10초
마음챙김

일상생활에서의 마음챙김은 쉽지 않다.

특히 강한 정서가 일어나는 경우에는 마음챙김이 더 어렵다.

일어나는 정서가 강하면 강할수록 우리의 의식은 그 정서 안에 매몰되고 그 정서와 관련된 특정한 사고방식과 행동방식이 자동적으로 작동한다.

이런 때는 마음의 현상을 바라볼 여력이 거의 남아 있지 않다.

화가 강하게 올라오거나

아토피로 가려움이 견딜 수 없이 밀려올 때

10초만 마음챙김하자고 마음을 달래고

떨어져서 바라본다.

10초 후에는 화를 내도 좋다, 긁어도 좋다고 마음을 달래며

그때의 마음이 어떤 마음인지 자세히 바라본다.

가까운 사람과의 인간관계에서 일어나는 강한 정서도 마음챙김의 훌
륭한 소재다. 아내나 남편 혹은 자녀의 특정한 행동이나 말에 분노, 짜
증, 불안, 우울 등의 특정한 정서가 강하게 발생한다면 습관적인 반응
을 멈추고 그때의 마음을 마음챙김한다.

어떤 정서가 느껴지는가?
어떤 감각이 느껴지는가?
어떤 생각이 오고 가는가?
어떤 욕구가 작용하고 있는가?

10초만이라도 마음챙김한다.
10초만이라도 습관적 반응을 멈추고 마음을 떨어져서 바라본다.
10초만이라도 마음'에서' 세상을 보지 말고 마음'을' 보자.

계산대
마음챙김

일상 도처가 수행의 장소.
일상 모든 일이 수행의 기회.

임제선사는 '수처작주 입처개진 隨處作主 立處皆眞'이라고 했다.

"어디에 가든 주인이 되라. 그러면 그곳은 진리의 세계다."

이 말은 마음챙김과도 통한다.
어떤 상황에서든 마음챙김을 놓치지 않는다면 그 상황의 노예가 아니라
주인이 된다. 그때 자신이 처한 상황은 진리를 드러내는 세계가 된다.

마트에서 쇼핑을 하고 나면 계산대에서 계산을 해야 한다.
어느 줄이 제일 빠를까를 재빨리 계산하고 그곳에 카트를 들이밀고 기

다려 보지만 옆의 줄이 다 빠져나가는 동안에도 내 줄만 꼭 막혀 속이
터지지는 않던가?

자신의 욕구가 좌절되는 순간
이때만큼 마음챙김 수행의 좋은 기회가 또 있을까?
포인트 카드 찾는다고 여기저기 뒤지는 사람을 바라보지 말고
유난히 버벅거리고 꾸물대는 계산원을 바라보지 말고
바로 자신의 몸과 마음을 보라.
누구보다 빨리 계산을 하고 싶다는 욕구
내가 선 줄에는 어떤 경우에도 꾸물대는 사람이 없어야 한다는 욕구
포인트 점수가 얼마나 된다고 꼭 챙기려고 드느냐는 생각
계산원이 신속하게 처리하지 않고 자기 편하려고만 한다는 생각
치밀어 오르는 짜증
딱딱하게 굳어 가는 양쪽 어깨
초조하게 두리번거리는 자신의 행동
등등.

밖이 아니라 자신의 안을 들여다보라.
떨어져서 보라.
자신이 무엇을 하고 있고 무엇을 경험하고 있는지 또렷이 깨어 지켜
보라.

　　　　　　　　　　　마음챙김 명상 멘토링

대화
마음챙김

대화를 시작할 때 일정한 주의를 떼어 자기 앞에 띄워 놓는다.
어떤 말을 듣고 있고
어떤 말을 하고 있는지
잘 마음챙김한다.

의미뿐만 아니라 소리에도 주의를 준다.
자기와 상대 모두에 대해서 소리에도 주의를 준다.
소리의 강약, 고저, 음색, 속도 등 소리에도 주의를 준다.

말뿐만 아니라 얼굴 표정에도 주의를 준다.
자기와 상대 모두에 대해서 얼굴 표정에도 주의를 준다.
판단하는 주의가 아니고 순수하게 알아차림하는 주의를 준다.

자신이 어떤 말을 듣고 있고 어떤 말을 하고 있으며 어떤 경험을 하고 있는지 떨어져서 지켜본다.

일상생활에서 욕구와 생각을 완전히 내려놓고 정보처리할 수는 없다. 다만 일정한 정도의 마음챙김을 띄우고 있을 수는 있다.

"얼굴 앞에 마음챙김을 세우고!" ∎

대화할 때 가끔씩이더라도 마음챙김하면 나 중심적으로 얘기하기보다는 들어 주려는 태도가 길러진다.

∎　『금강경』의 산스크리트어 본에는 부처님께서 설법을 하실 때 항상 얼굴 앞에 마음챙김을 세우셨다는 표현이 나온다. 각묵 스님(2001). 『금강경 역해』. 서울: 불광출판사.

　　　　　　　　　　　마음챙김 명상 멘토링

테니스
마음챙김 명상

테니스 경기처럼 순간적으로 정확한 판단과 정교하고 복잡한 동작들
이 동원되며 고도의 집중력이 요구되는 경우에는 굳이 마음챙김하려
고 하기보다는 오직 테니스 경기에 집중하는 편이 더 나을 것이다.

테니스 경기를 할 때 매 순간 온 주의를 기울여 테니스를 한다. 상대의
수를 읽고 그것에 적절한 준비를 하며 볼을 놓치지 않고 끝까지 보고
스트로크를 한다.

다만 이기려는 마음, 승부욕 등이 올라오면 그것을 놓치지 말고 잘 알
아차림하고 내려놓으며 지금 이 순간의 게임에 충실하게 임한다.
게임이 잘 안 풀린다고 생각되고 짜증이 난다면 그것을 잘 알아차림하
고 내려놓으며 지금 이 순간의 게임에 충실하게 임한다. 이러한 생각
이나 정서는 이기려는 욕구(의 좌절) 때문에 나타나는 것이다.

게임이 잘 풀린다고 생각되고 기분이 좋다면 그것을 잘 알아차림하고
내려놓으며 지금 이 순간의 게임에 충실하게 임한다. 이러한 생각이나
정서는 이기려는 욕구(의 충족) 때문에 나타나는 것이다.

명상이란 에고로부터 자유로워지는 것이다. 승부욕은 에고가 매우 확
실하게 드러난 모습이다. 테니스 게임을 하며 마음이 승부에 좌지우지
된다면 테니스 게임을 할수록 에고는 점점 더 강화될 것이고 에고에
더욱 구속될 것이다.

테니스를 하며 자신의 기술이 잘 걸릴 때 즐거워하고 기량이 향상됨에
뿌듯해하는 것은 건강한 것이다. 기술이 잘 안 걸리거나 실력이 답보
상태에 있거나 슬럼프인 것 같을 때 기분이 저조해지는 것은 자연스러
운 것이다. 이 모든 것도 알아차림하고 내려놓으며 오직 지금 이 순간
의 연습과 게임에 충실하게 임한다.
테니스를 할 때는 오직 테니스만 할 뿐이다. 자신의 전 기량을 동원하
여 최선을 다해 테니스를 할 뿐이다.

심리학에서는 욕구, 즉 동기를 내재적 동기intrinsic motivation와 외재적
동기extrinsic motivation로 나눈다. 어떤 행위를 할 때 그 자체가 좋아서
하면 내재적 동기의 충족을 위해 하는 것이고, 그 행위의 결과가 좋아
서 하면 외재적 동기의 충족을 위해서 하는 것으로 본다. 예를 들어,

마음챙김 명상 멘토링

공부 자체가 재미있어서 한다면 내재적 동기의 충족을 위해서 하는 것이지만, 1등을 하고 인정을 받기 위해 공부를 한다면 외재적 동기의 충족을 위해서 하는 것이다.

테니스나 골프 등 자신이 좋아하는 운동을 할 때뿐만 아니라 일상생활에서 행위를 함에 있어서 외재적 동기가 아니고 내재적 동기에 따라 한다면 수행의 삶이라고 할 수 있다. 이기기 위해, 인정받기 위해, 승진하기 위해, 돈을 많이 벌기 위해 하기보다는 그 자체가 좋아서 하고 그 자체를 위해서 한다면 생활인으로서 일상을 살아가면서도 수행의 삶을 사는 것이다. 결과보다도 과정을 즐기며 한다면 일상생활을 명상적으로 사는 것이다.

도인의 삶이란 배고프면 먹고 졸리면 잔다고 했다. 우리는 살면서 생각을 너무 많이 하면서 산다. 아직 오지도 않은 미래가 이럴까 저럴까 고민하고 이미 지난 과거에 대해 이랬어야 했는데 저랬어야 했는데 하면서 지금 이 순간에 충실하지 못한 경우가 많다.

제9장

명상을 도와주는 전략

명상은 주의 훈련이다. 욕구와 생각을 내려놓은 순수한 주의
훈련이다. 그러나 우리가 평소에 사용하는 주의에는 욕구와
생각이 거의 자동적으로 동원된다. 명상을 하려고 해도 자꾸
욕구와 생각이 침투한다.

싹이 어릴 때는 막대로 묶어 지지해 주는 것이 필요하고 두 바
퀴 자전거를 타기 전에 보조바퀴를 달아 주듯이, 명상이 숙달
될 때까지 도와주는 전략이 필요하다. 또한 명상은 생활 속에
서 조화롭게 수행되어야 하므로 명상이 삶에서 균형을 잃지
않도록 도와주는 전략이 필요하다.

내려놓지 말아야 하는
욕구가 하나 있다

집중명상의 핵심 요소는 '순수한 주의'다. 순수한 주의는 욕구와 생각을 내려놓은 주의다. 그러나 집중명상을 유지하는 데에는 순수한 주의 외에 순수한 주의를 유지하고자 하는 의도, 즉 욕구가 요구된다.

욕구와 생각을 내려놓는 것이 명상이라고 했지만 하나의 욕구는 그대로 유지되고 있다고 할 수 있다. 다시 말해 모든 욕구와 생각을 내려놓되 명상의 마음 태세, 즉 명상의 대상에 대한 순수한 주의를 지속하고자 하는 욕구는 유지되고 있는 것이다. 집중명상에서는 역설적이게도 이 한 욕구, 즉 일념一念으로 해서 모든 욕구와 생각을 제거하는 무념無念, 즉 삼매의 상태로 가는 것이다.

마음챙김 명상도 마찬가지다. 마음챙김 명상에는 '순수한 상위주의'가 핵심 요소다. 즉 욕구와 생각을 내려놓고 떨어져서 보는 것이 중요하다. 그러나 마음챙김 명상을 지속하기 위해서는 마음챙김 명상을 유지하고자 하는 의도, 즉 욕구가 요구된다. 다시 말해 마음챙김 명상은 욕구와 생각을 내려놓는 주의를 사용하는 정보처리지만, 이러한 정보처리를 유지하기 위해서는 욕구가 동원되는 것이다!

특히 일반적인 정보처리에서는 욕구와 생각의 동원이 거의 자동화된 습관적 처리임을 고려할 때 명상을 잘 수행하기 위해서는 아래의 조건이 필요하다.

1) 욕구와 생각의 침투를 최소화하고 명상 상태를 유지하고자 하는 욕구가 명상하는 동안 계속 작동해야 한다.
2) 명상 상태를 유지하고자 하는 욕구를 충족시키는 전략이 적어도 초보자에게는 중요하다.

요컨대, 명상이 일상의 욕구와 생각을 멈추고 명상의 대상에 주의를 집중하는 것이라고 했지만 '명상의 대상에 집중하고자 하는 욕구' 하나는 분명하게 유지되어야 한다. 즉 명상은 명상의 대상에 집중하고자 하는 욕구 하나만을 남기고 나머지 욕구나 생각을 멈추고 대상에 주의를 주는 것이다. 아울러 명상의 유지를 위한 욕구의 충족을 도와주는 전략을 배우고 적용하는 것이 적어도 명상 초보자에게는 많은 도움이 된다.

  마음챙김 명상 멘토링

명상을 하려고 한다고 해서 명상이 다 잘되는 것은 아니다. 명상을 하고자 하는 욕구가 있어도 마음은 다른 욕구에 끌려가거나 다른 생각에 빠져들기 일쑤다. 어떤 사람에게는 명상을 하고자 하는 욕구의 충족을 도와주기 위한 전략으로 심리 치료나 심리 상담을 병행하는 것이 필요할 수도 있다. 명상을 꾸준히 잘한다면 내면의 문제가 치유될 수도 있지만 명상 초보자로서는 내면의 문제가 너무 커서 명상 자체가 잘 안될 수도 있다. 이런 경우에는 심리 치료나 심리 상담을 받는 것이 명상을 배우는 데 도움이 될 것이다.

참회나 회개를 하면 잡념이 크게 줄고 내면의 문제까지 치유될 수도 있어서 명상에 집중하는 데 도움이 될 수 있다. 대부분의 종교에서 참회나 회개를 신앙생활의 중요한 요소로 권장한다. 지나친 자기비난이나 자기혐오에 빠지지 않고 과거로부터 벗어나 새롭게 살아가는 방식으로 참회나 회개를 하는 것은 명상의 진보를 위해서도 좋은 일이다.

일반 명상과 함께 자비명상이나 친절한 행동의 실천을 병행하는 것도 명상의 집중력을 높여 준다. 불교 전통에서 마음챙김 명상은 일반적으로 자비명상과 함께 수행되는 경우가 많다. 자비명상이나 친절한 행동의 실천은 마음의 장애를 제거함으로써 명상 수행을 깊게 해준다.

명상이 생활 속에 자리를 잡고 삶의 일부가 되기 위해서는 꾸준한 노력이 필요하며 이때 명상을 수행하고자 하는 수행의 동기 혹은 수행의 비전을 나름대로 바르게 확립하는 것이 도움이 된다. 명상을 수행하다 보면 명상 수행의 진보가 더디고 때로는 후퇴하는 것 같고 귀찮고 싫어지는 슬럼프나 어려운 상황을 만날 수 있다. 이때 명상의 수행에 대한 바른 동기 혹은 비전은 난관을 극복하는 데 많은 도움이 된다.

마음챙김 명상만으로는
충분하지 않다

마음챙김 명상 수행을 한다고 해서 일상생활에서 마음챙김만 해서는 마음 수행으로 충분하지 않다. 예를 들어, 지하철에 앉아 있을 때 노인이 타면서 자신이 있는 곳으로 걸어오는 상황을 생각해 보자. 그때 '노인이 오시는 것을 보고 있다. 마음이 불편해지는 것을 느끼고 있다. 심장이 빨리 뛰는 것을 느끼고 있다. 얼굴이 굳어지는 것을 느끼고 있다….' 이런 식으로 그냥 자리에 앉은 채로 마음챙김할 것인가? 이런 때는 당연히 일어나서 자리를 양보하며 그 과정에서 자신의 행위와 의식경험을 마음챙김해야 할 것이다.

오래전부터 마음챙김을 가르치고 수행하는 불교적 전통에서도 마음챙김은 팔정도八正道라는 전체 수행 체계의 한 부분이다. 팔정도는 바른 이해 정견(正見), 바른 생각 정사(正思): 정사유(正思惟) 또는 정지(正志)라고도 함, 바른 말 정어(正語), 바른 행위 정업(正業), 바른 생계활동 정명(正命), 바른 노력

정정진(正精進), 바른 마음챙김 정념(正念), 및 바른 집중 정정(正定)으로 구성된다. 이중에 정견과 정사를 혜慧라 하고, 정어·정업·정명을 계戒라 하고, 정정진·정념·정정을 정定이라 하여 삼학三學이라고도 한다.

이와 같이 마음챙김은 바른 수행을 위한 한 부분이지 전부가 아니다. 따라서 마음챙김은 단독으로 수행하기보다는 다른 수행법 혹은 생활 지침과 함께 수행하는 것이 바람직하다. 이 점은 절이나 수도원처럼 생활이 단순화된 수행 공간이 아니고 복잡한 현대 사회에서 삶을 영위해야 하는 보통 사람들에게는 특히 그러하다. 종교인이라면 자신의 종교의 가르침을 일상생활에서 실천하며 마음챙김한다. 불교인이라면 일상생활에서 팔정도 전체를 실천하며 마음챙김하면 좋을 것이다. 기독교인의 경우에는 일상에서 예수님을 닮고자 하는 적극적 행위를 하며 마음챙김을 하는 것이 바람직하다. 혹은 종교를 떠나서 긍정심리학의 여러 가지 좋은 중재법 자비명상, 감사하기, 친절의 실천, 용서, 참회, 의미 있는 목표 추구, 웰빙 목록의 적용, 유머, 운동 등을 실천하며 마음챙김하면 좋다.

마음챙김은 훌륭한 수행법이다. 마음챙김은 삶의 유용한 기술이다. 그러나 마음챙김이 수행법의 전부가 아니고, 마음챙김만으로 삶이 온전해지지는 않는다. 일상생활에서 생활인으로서 필요한 적극적 행위를 하지 못하면서 의식경험의 관찰에만 치중한다면 그때의 마음챙김은

‘식물적 마음챙김vegetative mindfulness’이라고 할 수 있다. 수행에 있어서도 조화와 균형이 중요하다고 하겠다.

바라볼 때 vs.
고칠 때

책상에 앉아 독서를 하고 있는데 천장의 형광등이 깜빡거리고 있다면
어떻게 할 것인가?
계속 앉아서 불편한 마음을 가만히 바라볼 것인가?
아니면 형광등을 고치거나 갈겠는가?

길을 걷다가 신발에 작은 돌이 들어와 거치적거리면 어떻게 할 것인
가?
계속 걸으며 발이 불편한 것을 가만히 바라볼 것인가?
아니면 걸음을 멈추고 그 돌을 털어 내고 계속 걷겠는가?

마음챙김을 한다고 해서 무조건 바라보기만 하는 것이 좋은 것은 아
니다.
일상생활 속의 마음챙김을 할 때는 필요한 경우에 필요한 조치를 한다.

다만 필요한 조치를 하는 과정을 마음챙김과 함께 하도록 한다.

마음챙김이 생활 속에서 조화롭고 균형 있게 이루어질 때 일상생활 속에서 마음챙김 명상이 제대로 자리 잡고 지속될 수 있을 것이다.

열린 마음,
호기심, 자비심, 의지

일반적으로 열린 마음과 호기심은 학습에 중요한 요소다. 새로운 것을 배울 때는 기존의 지식이 방해가 되지 않도록 열린 마음의 태도를 갖추고 새로 배우는 것들이 무엇인가 하는 호기심을 갖는 것이 도움이 된다.

마음챙김 명상의 수련에서도 열린 마음과 호기심의 태도는 마음챙김 명상을 숙달하는 데 필요하다. 명상의 대상에 순수한 주의를 줄 때 어떤 경험을 하게 되는지에 대해 열린 마음과 호기심의 태도를 갖는 것은 명상의 대상에 대한 주의를 유지하는 데 도움이 된다. 앞 장에서 다루었던 '지금 뭐해?'는 일종의 호기심의 태도를 동원하는 것으로 이해하면 좋다.

자비심의 마음 자세는 몸의 통증이나 정서적으로 고통스러운 것을 마음챙김할 때 마음챙김의 유지에 도움이 된다. 기본적으로 마음챙김을 유지하되 마치 아픈 아이의 호소를 들어 주는 어머니처럼 자비로운 태도를 갖는 것은, 통증이나 고통스러운 기억이나 경험을 억압하거나 회피하지 않고 의식에 유지하는 데 도움이 된다. 결과적으로 통증이나 고통스러운 기억이나 경험에 대한 순수한 주의와 마음챙김을 집중할 수 있음으로 해서 통증이나 고통스러운 기억이나 경험을 새롭게 볼 수 있게 되고 이것들과의 관계에 변화가 일어나게 된다.

어린아이가 다쳐서 울 때 자비심을 가지고 대하거나 친구가 마음 괴로워할 때 자비심을 가지고 들어 줄 때도 마음챙김의 자세를 유지하도록 한다. 이것은 문제를 풀어 주려고 애쓰는 것이 아니라 공감의 마음으로 들어 주는 것이다. 객관적 자세로 들어 주는 것, 바라보는 것, 그것이 마음챙김이다. 자비심은 이러한 마음챙김을 유지하는 데 도움을 준다. 자비심으로 대하되 마음챙김으로 듣는 것이다.

호흡 마음챙김을 하다가 다른 생각으로 빠진 경우에 다시 호흡 감각으로 돌아올 때 비난하거나 실망하지 않고 부드럽게 돌아오는 것도 결국 마음챙김의 유지를 위해 필요한 기술 혹은 전략이다. 비난이나 실망은 명상이든 다른 어떤 일이든 그 일을 하고 싶지 않게 만든다.

의지는 동기의 강도를 반영한다. 마음챙김 명상 수행의 동기를 강하게

세움으로써 의지를 갖추는 것은 재미없거나 고통스러운 경험의 경우
에 의지로 마음챙김의 대상을 의식에 유지하게 함으로써 마음챙김에
도움이 된다. 의지가 억압은 아니다. 억압은 억압의 대상을 부정하고
의식에서 밀어내는 것이다. 의지는 마음챙김의 대상을 회피하거나 억
압하지 않고 의식에서 직면하고 유지하는 것이다.

감각에 주의를
잘 집중하기

호흡 마음챙김 명상 등을 할 때 초보자들은 호흡 감각이 잘 느껴지지 않는 경우가 있다. 이럴 때 다음과 같이 하면 감각에 집중하고 느끼는 데 도움이 된다.

맨손■의 손가락 끝으로 사물과 접촉하며 그 사물을 파악할 때의 주의 집중을 명상의 대상이 되는 감각에 적용해 본다. 장갑을 끼지 않은 맨손이고, 주먹을 쥔 손등이 아닌 손바닥의 손가락 끝으로 사물과 접촉하는 것이다.

■　　참고로 맨손bare hand의 'bare'와 순수한 주의bare attention의 'bare'가 같음을 주목하기 바란다. 아무 것도 붙지 않았다는 의미에서 '맨' 혹은 '순수한'의 의미다.

바로 지금 여러분의 손가락 끝으로 가까이 있는 사물을 가만히 접촉하며 느껴 보기 바란다. 눈을 감고 해도 좋다. 손끝에서의 감각이 구체적이고 생생하지 않은가! 손끝으로 느껴지는 사물의 미세한 표면의 결, 전체적인 윤곽, 부드럽고 단단함, 온도 감각 등을 하나하나 온전하게 경험한다. 주의를 주면 줄수록 그 감각은 더 미묘하고 생생하다.

명상에서 감각에 주의를 줄 때는 손끝에 주의를 주듯이 명상의 대상에 주의를 준다. 예를 들어 호흡명상을 할 때는 마치 손끝으로 하듯이, 콧구멍 안쪽의 점막 부위로 들어오고 나가는 공기를 접촉하며 그 감각을 느낀다. 먹기명상을 할 때는 마치 손끝으로 하듯이, 혀와 입안의 점막 부위로 음식물을 접촉하며 그 감각을 느낀다. 걷기명상을 할 때는 마치 손끝으로 하듯이, 발바닥으로 땅을 접촉하며 그 감각을 느낀다.

음미하기

우리는 일상생활에서 특정한 욕구/의도/목적을 가지고 생활한다. 출근 혹은 등교하기 위해 집에서 지하철이나 버스 정류장으로 걸어갈 때 무엇을 느끼는가? '빨리 지하철에 도착해야지.', '회사 혹은 학교에 지각하지 말아야지.'라는 생각을 하고 있는 것은 아닌가? 혹은 걷는 것과는 무관한 생각에 '빠져' 있는 것은 아닌가? 청소나 설거지를 할 때 무엇을 경험하는가? '빨리 끝내 버려야지.', '어서 끝내고 커피 한 잔 해야지.', 'TV를 봐야지.'라는 생각을 하고 있지는 않은가? 혹은 청소나 설거지와는 무관한 생각에 '빠져' 있는 것은 아닌가?

마음챙김한다는 것은 행위의 목적을 내려놓는 것이다. 굳이 '목적'이라는 말을 사용한다면 마음챙김은 오직 행위 자체만을 목적으로 삼는다. 마음챙김은 현재 하고 있는 행위를 그리고 그 행위를 통해 경험되는 것들을 온전하게 알아차림하는 것이다. 지금-여기서 자신이 하는 행위 그리고 그 행위를 통해 경험되는 것들을 거부하고 그것들로부터 도망치지 않고, 또한 그 행위나 행위를 통해 경험되는 것들에 대해 판단을 가하지 않고 있는 그대로 수용하고 느껴보는 것이다.

많은 현대인들이 일중독의 특징을 보이는데 일중독의 특징 중 하나는 일 이외의 시간에 대해서는 매우 인색하다는 것이다. 일 이외의 활동에 시간을 쓰는 것은 수전노가 돈을 쓰듯이 아까워한다. 이를 닦을 때 왠지 시간을 낭비하는 것 같아서 재빨리 닦아 버리는 경향이 있다. 몸은 이를 닦고 있지만 마음은 다른 곳에 가 있고 조급해하며 매우 서두르는 것이다.

일 이외의 시간에 마음챙김할 때 '지금-여기를 온전하게 즐긴다, 혹은 음미한다.'는 음미하기의 자세를 갖추는 것이 마음챙김을 적용하고 유지하는 것을 도와줄 수 있다. 비록 짧은 시간이지만, 즐기자. 아무리 천천히 닦는다 해도 이 닦는 데 걸리는 시간이 5분을 넘기기 어려운 것 아닌가. 그리고 하루 세 끼 식후에 이를 닦는다고 하면 하루에 3번으로 전부 15분을 넘기지 않는 시간이다. 15분에도 인색할 것은 없지 않은가.

즐기자.
이 닦기를 즐기자.
이를 닦을 때는 천천히 이 닦기를 즐기자.

천천히 이를 닦으며 마음챙김을 하자.

이를 닦을 때는 이만 닦자.

이를 닦으며 느껴지는 이와 잇몸에서의 감각을 온전하게 느껴 보자.

이를 닦는 동안에는 모든 생각을 내려놓는다.

좋은 생각도 나쁜 생각도.

좋아하는 기억도 싫어하는 기억도 다 내려놓는다.

이 모든 과정을 떨어져서 바라본다.

호흡 마음챙김할 때는 호흡을 음미한다.

걸을 때는 걸음을 음미한다.

설거지할 때는 설거지를 음미한다.

먹을 때는 먹기를 음미한다.

샤워할 때는 샤워를 음미한다.

그뿐이다.

별무기특別無奇特.

다만 마음챙김을 놓치지 않는다.

음미하는 자세는 지금-여기서 몸이 하는 일에 마음이 있도록 도와준다.

몸이 하는 일에 순수한 주의 주기를 도와준다.

지금-여기서 하고 있는 일, 느끼는 경험 그리고 음미하고 있음까지도

마음챙김한다.

조금 있다가
해줄게

명상이 진행되다 보면 간간이 저항에 부딪힐 수 있다. 그 저항은 명백한 경우도 있지만 상당히 교묘하거나 은근한 경우도 있다. 저항이 명백하면 그것에 대처하기가 쉽기 때문에 은근하거나 교묘한 형태를 취하는 것 같다. 호흡 마음챙김 명상을 한다고 앉아 있는데 해야 할 과제나 걱정되는 일이 자꾸 떠오르거나 갑자기 방이 지저분하다는 생각이 들면서 청소를 해야겠다는 생각이 들기도 한다.

이런 저항이 일어나면 잘 알아차림하고 내려놓고 호흡 감각 등 명상의 대상으로 돌아와야 하지만 저항도 만만치 않아 끈질기게 지속하는 경우가 많다. 이럴 때는 명상 대상에 집중하는 것을 방해하는 걱정거리, 할 일 등에 대해서 '조금 있다가 해줄게.', '명상 끝나고 해줄게.'라고 달래 주는 것이 명상의 대상에 대한 집중을 유지하는 데 도움이 된다.

사회에서는 여러 집단들이 서로의 주장을 관철하려고 경쟁한다. 마음도 사회와 같아서 여러 마음들이 주의(혹은 정신 자원)를 서로 끌어가기 위해 경쟁한다. 명상하려는 마음은 주의를 명상의 대상에 주려고 하지만, 걱정거리나 할 일이 있으면 그것을 해결하려는 마음 역시 주의를 끌어가려고 한다.

달래는 방법 외에 명상에 들어가기 전에 '거리 노트'를 만들어서 '거리 노트'에 걱정거리, 할 일 등 새김꺼리를 적어 놓는 것도 명상의 대상에 주의를 집중하는 데 도움이 된다. '거리 노트'에 적어 놓음으로써 명상하려는 마음에 반대하는 마음들이 안심을 하고 명상하는 동안은 특별히 난동을 부리지 않고 기다려 줄 수 있는 것이다.

이름을 붙인다

마음챙김을 할 때 마음속으로 이름을 붙이기도 한다.

'불안해하는구나.'
'어깨가 딱딱하구나.'
'스스로를 비난하고 있구나.'
'갖고 싶어 하는 구나.'
'이기려 하고 있구나.'
　등등.

이름 붙이기는 마음챙김을 도와준다. 이름 붙이기는 마음챙김의 대상을 좀 더 분명하게 해주고 집중할 수 있게 해준다. 이름 붙이기는 다른 욕구와 생각의 개입을 차단하여 마음챙김의 대상에 대한 주의집중의 유지를 도와줌으로써 마음챙김이 끊어지지 않도록 해준다.

귤을 까서 먹으며 '귤을 까서 먹고 있구나.'라고 이름을 붙이면 현재 자신이 무엇을 하고 있는지 분명하게 아는 데 도움을 주고, 귤을 까서 먹고 있는 동안 다른 욕구와 생각이 개입하지 않고 귤을 까서 먹는 행위에 대한 주의집중을 유지할 수 있게 한다. 그럼으로써 현재의 행위에 대한 마음챙김이 지속될 수 있게 도와준다.

호흡 마음챙김 명상을 하면서 공기가 코를 통해 들어올 때 '들숨', 공기가 코를 통해 나갈 때 '날숨'이라고 마음속으로 이름을 붙이면 다른 욕구와 생각에 주의를 뺏기지 않고 호흡 감각을 관찰하며 마음챙김하는 것이 좀 더 용이해질 수 있다. 호흡 감각에 대한 주의집중을 높이기 위해 날숨 때마다 호흡을 세는 것도 넓게 볼 때 이름 붙이기로 볼 수도 있다. 참고로, 호흡을 셀 때는 일반적으로 '열'까지 세고 난 다음에 다시 '하나'로 돌아온다.

어떤 상황에서 화가 날 때 '화가 나고 있구나.'라고 이름 붙이기를 반복하면서 몸의 각 부위에서 어떤 감각이 느껴지는지 주의를 주면 화와 관련된 욕구와 생각의 반복을 차단하면서 욕구와 생각이 화에 불을 지피는 역할을 더 이상 하지 못하게 할 수 있다. 이때 '화가 나고 있구나.'만이 아니라 몸의 각 부위의 감각에 주의를 주며 마음챙김을 하면서 '얼굴에서 열이 나고 있구나.', '심장이 빠르게 뛰고 있구나.', '어깨가 긴장되고 있구나.' 등으로 이름을 붙이는 것이 마음챙김의 대상

에 대한 주의집중을 지속시켜 주고 떨어져서 볼 수 있게 해줌으로써
마음챙김을 도와줄 수 있다.

생각에 대한 마음챙김에서는 언어가 사용되는 일이 많다. 생각이 언어
의 형태로 나타나기 때문이다. 이 경우에는 '~라는 생각을 하고 있구
나.'라는 형식의 이름을 붙이게 된다. 예를 들면 아내가 전화로 어머니
와 나누는 대화를 들으며 '아내가 공감을 잘해 주고 있구나.'라는 생
각을 한다. 아내의 목소리를 들으며 의미처리를 하고 아내의 행동을
판단한 것이다. 이때의 마음챙김은 이러한 내 마음의 판단을 마음챙김
하는 것으로, ''아내가 공감을 잘해주고 있구나.'라는 생각을 하고 있
구나.'라고 이름 붙이기와 함께 마음챙김하는 것이다.

그러나 이름 붙이기가 마음챙김은 아니다. 이름 붙이기는 자칫 현상을
왜곡할 수 있는 위험성이 있기도 하다. 따라서 이름 붙이기의 도움을
받더라도 현상, 특히 감각 경험에 대해서는 가급적 자세하고 분명하게
알아차림하면서 마음챙김하는 것이 좋다.

또 하나, 이름 붙이기의 도움을 받을 때 사용하는 언어는 가급적 현상
을 판단을 하는 언어가 아니라 있는 그대로를 기술하는 언어를 사용하
도록 한다.

마음을 긍정적으로
돌려 주는 주문을 외운다

강한 경계를 만나 거의 자동적으로 강한 부정적 정서가 올라올 때 마음챙김을 한다는 것은 쉬운 일이 아니다. 이때 강한 스트레스를 일으키는 상대에 대하여 '나의 스승이다.', '나의 업장을 녹여 주러 온 분이다.', '원수를 사랑하며 너희를 핍박하는 자를 위하여 기도하라.' 등 마음을 긍정적으로 돌려 주는 '긍정 인지' 혹은 '웰빙 인지'를 하는 것은 습관적 반응 경향성을 약화시켜서 마음챙김의 적용을 용이하게 해 준다. 그 상황 속에 빠지지 않고 떨어져서 볼 수 있게 도와준다.

일을 도모하면서 어떻게 될지 걱정하고 안달하는 마음이 클 때, 미래에 대한 걱정이 마음을 압도할 때 '진인사대천명盡人事待天命'이라는 '웰빙 인지'를 떠올리는 것은 어느 정도 마음을 진정시켜 주어 걱정하고 안달하는 마음에 마음챙김을 적용하고 유지하는 데 도움을 준다.

마음챙김의 효과를 보려면 마음챙김을 적용하고 지속할 수 있어야 한다. 강한 부정적 정서를 일으키는 사람이나 상황이야말로 마음챙김을 적용하고 유지할 때 우리를 성장시켜 주는 자양분이 될 수 있다. 결론을 말하면, 마음챙김을 적용하고 유지할 수 있는 좋은 말씀들을 준비하고 함께 적용하는 것은 마음챙김 명상을 수행하는 데 크게 도움이 된다.

Better Late than Never

영어 속담에 'Better late than never.' 라는 말이 있다. 늦더라도 아예 안 하는 것보다는 낫다는 말이다.

이 말을 나는 학생들에게 종종 사용한다. 과제를 낼 때 제출기한에 늦었다고 포기하기보다는 늦더라도 과제를 해서 제출하는 것이 좋다. 수업시간에 지각하게 되었다고 아예 포기하고 안 들어오기보다는 늦더라도 들어와서 강의에 참가하는 것이 좋다.

이런 식으로 얘기해 주는 것은 학생들이 흑백논리, 즉 모 아니면 도라는 이분법적 사고를 하지 않도록 하는 데 도움이 된다. 사람들은 일상생활에서 흑백논리를 종종 사용한다. 담배를 끊으려고 했다가도 어쩌다 한 모금 피우게 되면 금연에 실패했다고 생각하고 그 다음부터는 다시 흡연에 빠져 버리는 것이다. 다이어트를 하려고 했다가도 어쩌다

스스로 정해 놓은 규칙에서 벗어난 행동, 예를 들어 야식을 먹게 되었을 때 다이어트에 실패했다고 생각하고 마구 폭식을 해버리기도 한다.

마음챙김 명상을 수행할 때 우리는 많은 경우에 동시적으로 마음챙김을 하지 못하고 상황이 끝난 다음에 '아, 내가 이랬구나.'라고 때늦은 마음챙김을 한다. 그러나 Better late than never! 조금 늦으면 어떤가. 아예 하지 않는 것보다는 낫지 아니한가!

다만 늦은 마음챙김을 할 때 자신을 비난하지 말고, 늦게라도 객관적으로 떨어져서 볼 수 있었음에 대해 스스로 칭찬하고 다음에는 즉시적으로 마음챙김할 수 있도록 다짐한다. 혹시 늦은 마음챙김을 하며 스스로 비난하게 되더라도 그 비난하는 마음을 가만히 마음챙김할 수 있다면 그 경우에는 바로 동시적으로 마음챙김을 하고 있는 것이다.

Better Some than None

Better some than none. 'Better late than never.'를 흉내 내서 '조금이더라도 하는 것이 전혀 하지 않는 것보다는 낫다.'는 것을 표현했다.

이 말도 사람들이 흑백논리적인 이분법적 사고에 빠지지 않고 꾸준히 수행하도록 하는 데 도움을 준다. 일상생활에서 마음챙김을 지속적으로 유지하는 것은 쉽지 않다. 그렇다고 마음챙김을 아예 포기하는 것은 바른 자세가 아니다.

Better late than never. 비록 늦더라도 성실하게 실천하면 마음챙김이 조금씩 더 빨라질 것이다.

Better some than none. 비록 조금이더라도 꾸준히 실천하면 마음챙김의 기간이 더 늘어날 것이다.

이와 같이 포기하지 않고 꾸준히 실천하면 마음챙김의 기술과 힘은 점차적으로 증진될 것이다.

사실 '욕구와 생각을 내려놓은 주의'라는 것은 어디까지나 이상적이고 이론적으로 정의한 것이다. 실제 수행에서 욕구와 생각을 완전하게 내려놓는 경우는 매우 드물다. 실망하지 않고 오직 할 뿐이다.

나를 내려놓고
자유로워진다

마음챙김한다는 것은 항복하는 것이다.
에고의 욕구를 내려놓는 것이다.

내가 내 뜻대로 하고 싶다.
내가 외모가 멋지고 싶다.
내가 돈을 많이 벌고 싶다.
내가 유명해지고 싶다.
내가 1등을 하고 싶다.
내가 사랑받고 싶다.
내가 인정받고 싶다.
내가 성공하고 싶다.
내가 건강하고 싶다.
내가 행복하고 싶다.

이러한 욕구는 항상 충족될 수 없다.

이러한 욕구가 있기 때문에 우리는 삶에서 고통을 피할 수 없다.

내 뜻대로 되지 않으면 괴롭다.

외모가 마음에 들지 않으면 괴롭다.

돈이 충분히 많지 않으면 괴롭다.

유명해지지 않으면 괴롭다.

1등을 하지 못하면 괴롭다.

사랑받지 못하면 괴롭다.

인정받지 못하면 괴롭다.

성공하지 못하면 괴롭다.

질병에 걸리면 괴롭다.

행복하지 못하면 괴롭다.

마음챙김은 욕구와 생각을 내려놓고 바라보는 것이다.

욕구와 생각으로부터 자유로워지는 것이다.

에고가 항복을 하는 것이다.

기독교에서는 하느님께 항복을 함으로써 행복으로 나아간다.

에고의 뜻, 에고의 욕구가 아니라 하느님의 뜻에 따라 살아감으로써

행복을 얻는 것이다.

끈질기고 집요한 것이 에고인지라 에고는 쉽게 떨어지지 않는다.

줄탁동시 啐啄同時.

어미닭과 병아리가 함께 쪼아 병아리가 세상 밖으로 나온다.

종교를 통해 에고를 내려놓고

마음챙김을 통해 에고를 내려놓는다.

마음챙김한다는 것은 항마 降魔, 즉 항복을 받는 것이다.

에고로부터 항복을 받는 것이다.

부처께서 마왕의 항복을 받듯이 항복을 받는 것이다.

에고의 욕구로 살아가던 나도 나고

하느님의 뜻에 따라 살아가는 나도 나다.

내가 항복을 하고

내가 항복을 받는다.

수행은 끝없이 항복하고 항복받는 것이다.

그 속에서 '머무른 바 없이 마음을 낸다.' ■

마땅히 할 일을 마음챙김과 함께 행한다.

■　　응무소주이생기심 應無所住以生其心 – 『금강경』.

나는
물결인가, 물인가?

나는 물이다.

그러나 동시에 물결이다.

아무리 미세하다고 해도 물결 없는 물이 어디 있으며 물을 여읜 물결
이 어디 있겠는가.

나는 물이기도 하지만 물결이기도 해서, 내가 물이라고 해서 물결이기
도 한 것을 부정할 수 없다.

나를 포함한 모든 사람이 스스로 물결이기도 하지만 물임을 수시로 잊
는다.

우리는 각자 다양한 장기 놀이를 벌이는 각기 다른 장기알이기도 하지만 장기 놀이가 벌어지는 장기판이기도 함을 수시로 잊는다.
우리는 각자 서로 다른 구름이기도 하지만 구름이 만들어지고 사라지는 하늘, 허공임을 종종 잊는다.
일상에서 물결에, 장기알에, 구름에 놀아나는 일이 얼마나 많은가.

나면서 나 아니고 나 아니면서 나인 이 몸과 이 마음 그리고 모든 것의 근본 자리인 그 자리.
이 몸의 세포가 죽고 살고 죽고 살고 하면서 변화하고, 이런 마음 저런 마음이 생기고 사라지고 생기고 사라지고 하지만 그것들이 나타나고 사라지는 그 자리를 잊지 않는다.

물결 다스리기, 장기알 운용하기.
이 역시 나의 일
나의 사업.
나는 나의 몸과 마음의 CEO.
나는 누구인가.
나의 몸, 나의 마음이라고 한다.
그러면 몸과 마음을 갖는 '나'는 누구인가?!

'나'라는 정체성 identity 은 동일시 identification 에서 온다.

마음공부, 명상 수련은 동일시의 착각으로부터 자유로워지는 것이다.

나의 독재로부터 자유로워지는 것이다.

지금의 몸과 마음의 집합뿐만 아니라 몸과 마음이 나타나고 사라지는 그 자리를 잊지 않는 것이다.

지금의 몸과 마음의 집합만을 '나'라고 여기는 동일시로부터 자유로워지고 몸과 마음이 나타나고 사라지는 그 자리에 대한 동일시를 키워가는 것이다.

물결과 물 모두에 치우치지 않아야겠으나 물결에 치우치는 것이 우리의 삶인지라 끊임없이 물을 잊지 않으려고 노력한다.

우리는 평소 무엇에 동일시하는가?

어떤 '기己'를 이利롭게 하려고 이기利己적 행동을 하는가?

무엇이 자기를 이롭게 하는 행동인가?

시작도 없고 끝도 없는 그 자리.

한 톨도 더해지지 않았고 한 톨도 덜어지지 않은 그 자리.

아무리 다양한 이기고 지는 장기 놀이가 벌어져도 조금도 달라지지 않은 장기판 자리.

어떠한 모양의 구름이 생기고 사라져도 조금도 변함없는 허공 자리.

1살 때도 20살 때도 80살 때도 다르지 않은 그 자리.

이명박도, 오바마도, 노숙자도, 그 누구도 그 자리에서는 조금도 다르
지 않은 그 자리.

욕구와 생각을 내려놓으면 언제나 그 자리.

■　부록

'마음챙김'은
'마음 + 챙김'이 아니다

마음챙김은 팔리^{Pali}어 sati^{사티}에 대한 번역어다. sati는 매우 특수한 주의^{attention}로 사람들이 일상적으로 구사하는 주의의 유형이 아니다. 일반적으로 우리가 사용하는 주의는 자신의 욕구나 판단이 붙어 있는 주의지만, sati는 이러한 주의가 아니다. 어떠한 욕구나 판단도 개입하지 않는 특수한 유형의 주의다. 이러한 특수한 주의를 나타내기 위해 '마음챙김'이라는 새로운 조어^{造語}를 만들어 낸 것이다.

sati에 대한 번역어는 이미 한자어로 존재한다. 염^念 또는 수의^{守意}가 그것이다. sati의 의미를 비교적 잘 담보하는 것으로 보인다. 그러나 이러한 번역어의 의미, 즉 단어가 지칭하는 의미가 원래 sati의 의미를 담보하지 못하게 된 문제가 생겼다. 북방불교에서는 sati를 통한 수행법이 거의 소멸되었기 때문이다. 북방불교권에 속한 우리나라에서는 팔정도의 하나로 들어 있는 samma-sati의 번역어인 정념^{正念}이 단지 '바른 기억'을 의미하는 것으로만 이해되어 왔다. 염이나 수의 의미를 다시 살려 sati의 번역어로 사용할 수도 있으나 이미 의미를 제대로 담보하지 못했던 전력이 있고 또한 현대인에게 한자어가 그다지 매력적이지 않다는 단점도 있다.

이런 점에서 sati의 새로운 번역어로 등장한 '마음챙김'은 일반인들에게 신선하게 받아들여졌다. 대부분 사람들이 '마음챙김'이라는 말을 들었을 때 마음이 이리저리 산만하게 흩어져 있지 않고 또렷하게 정신을 차린다는 의미로 받아들였고 순수한 우리말이라는 점에서도 좋게 받아들였다.

'마음챙김'이라는 말이 "자기 몫을 챙기고 관리하는 소유양식을 부추기는" 의미를 연상시킨다는 주장도 있으나 일반적으로 그렇게 생각하는 사람은 많지 않은 것 같다. sati의 원래 뜻과는 달리 '마음챙김'이라는 말을 "자기를 관리하고 통제하는 방식"으로 받아들일 수 있다는 주장은 어느 정도 일리가 있는 것 같다. 그러나 이 경우에도 부정적 의미라기보다는 자신에 대해 제대로 돌아보지 못하거나 자신이 무엇을 하

  마음챙김 명상 멘토링

는지 잘 알지 못하고 이리저리 상황에 휩쓸려 살아 온 것에 대해 반성하며 '마음챙김'을 통해 좀 더 깨어 있는 삶을 살아야겠다는 의미로 받아들이는 것으로 보인다.

다만 '마음챙김'이라는 용어를 사용할 때 다음과 같은 점에 유의하면 좋겠다. sati는 특수한 형태의 주의로 사람들이 일상적으로 구사하는 주의의 유형이 아니다. 따라서 마음챙김은 sati라는 특수한 주의에 대한 번역을 위해 만들어진 조어이므로 '마음'과 '챙김'을 나누어서 사용하는 것은 부적절할 수 있다. '마음이 대상을 챙긴다.'거나 '마음을 챙긴다.'는 식으로 '마음'과 '챙김'을 나누어 사용하게 되면 조어 이전의 '마음'과 '챙김'의 뜻으로만 이해되어 조어를 통한 새로운 의미의 구축이 약화되거나 사라질 수 있으며 의미 전달에 오해를 일으킬 가능성도 있다.

번역어를 사용할 때는 이처럼 용법에 유의할 필요가 있다. 영어권에서는 sati에 대한 번역어로 새로운 조어를 만들기보다 mindfulness라는 기존의 용어를 차용하고 있어서, 용법에 유의하지 않으면 의미 전달에서 오해의 발생 가능성이 더 클 수 있다. 기존 용법과의 혼동에서도 오해가 생길 수 있지만, 다른 전문용어로 사용되는 용법과 혼동을 일으키기도 한다. 실제로 하버드 대학 심리학과의 랭어 교수도 자신의 연구에서 전문용어로 mindfulness라는 용어를 사용하는 데 ■ 그녀가 사용하는 mindfulness는 주어진 상황을 매너리즘에 빠지지 않고 새롭게 혹은 다르게 처리한다는 점에서 sati와 유사한 점이 있지만 구체적으로 들어가 보면 상당히 다른 개념이다. 그런데 영어권에서 mindfulness를 언급하는 책이나 논문을 보면 불교에서 받아들인 mindfulness와 랭어 교수의 mindfulness를 혼동해서 혹은 구분하지 않고 사용하는 것을 종종 발견할 수 있다.

sati라는 용어 자체도 '순수한 상위주의'의 의미로 사용하기 전부터 인도에서 쓰였다. 즉 불교에서 발견 혹은 개발한 '순수한 상위주의'를 나타내기 위해 기존에 사용되던 용어 중 의미상 가장 가까운 것으로 sati를 채택했을 것이다. 따라서 sati의 의미를 파악하기 위해 sati의 용례를 알 수 있는 고문헌을 참고하는 경우에는 이 점을 고려해야 할 것이다.

참고적으로 우리나라에서 '몰입' 혹은 그냥 '플로우'라고 알려져 있는 'flow'는 칙센트미하이Csikszentmihalyli 교수가 사람들의 몰입 상태를 연구하면서, 어떠한 일을 할 때 인위적인 노력 없이 물 흐르듯이 잘 진행되는 상태에서 사람들이 느끼는 경험을 나타내기 위해 기존의 단어

■   Langer, E.J.(1989). *Mindfulness*. MA: Addison-Wesley.
Langer, E.J.(1997). *The power of mindful learning*. MA: Perseus Publishing.

                                      마음챙김 명상 멘토링

에서 차용한 용어다. 그런데 미국에서 flow라는 말을 했을 때 여성의
월경을 뜻하는 말로 이해되기도 한다.

이와 같이 새로운 개념의 용어를 사용할 때는 번역어이든 그렇지 않든
그 용법에 유의할 필요가 있다. 또한 그 개념의 의미를 정확하게 정의
하는 것이 중요하다. 실제로 마음챙김에 대한 개념 정의가 전문가들
사이에서도 조금씩 다른 것으로 보인다. 분명하고 객관적인 것을 좋아
하는 심리학자들은 가급적 중요한 개념을 측정 도구로 정의내리는 조
작적 정의operational definition로 정의내리는 경향이 있다. sati에 대해서
도 몇 가지 질문지 형태의 측정 도구가 개발되었지만 마음챙김의 개념
이 충분히 반영되었는지에 대해서는 아직 이론의 여지가 있는 것으로
보인다.

근래에 sati를 몸과 마음의 치유와 건강을 위한 방법으로 응용하는 시
도가 증가하고 있다. 마음챙김에 기반한 스트레스 감소Mindfulness-
Based Stress Reduction, MBSR 프로그램, 변증법적 행동치료Dialectical Behavior
Therapy, DBT 마음챙김 인지치료Mindfulness-Based Cognitive Therapy, MBCT,
수용-참여치료Acceptance & Commitment Therapy, ACT 등이 여기에 속한
다. 이러한 프로그램 혹은 치료법은 sati를 자신들의 프로그램이나 치
료법의 일부로 받아들이고 있다. 욕구와 생각을 내려놓고 순수하게 주
의를 주는 sati를 통해 증상을 피하기보다는 수용하는 태도를 기르게

된다. 증상은 증상을 부정적인 것으로 보고 회피하려는 욕구^{회피동기}와
그와 관련된 생각이나 행동에 의해 더 악화되는데 sati를 통해 이러한
욕구, 생각, 행동을 내려놓게 됨으로써 오히려 증상이 경감되거나 소
멸된다. 이렇게 순수한 주의를 통해 증상을 수용하고 직면하는 방법은
부정적인 인지^{생각}를 바꿔서 증상을 다스리려고 시도하는 전통적인 인
지행동치료와는 다른 새로운 시도다. 또한 sati를 통해 자신을 더 잘
이해하게 됨으로써 좀 더 현명한 선택을 할 수 있게 된다. 한편 sati를
자신들의 프로그램이나 치료법의 일부로 적용하는 사람들이 sati에 대
한 이해에서 조금씩 차이가 있거나 일부 오해가 있는 경우는 있어도
자신들이 번역어로 사용하는 mindfulness가 sati와 다르다고 생각하
거나 구분하려는 것으로 보이지는 않는다.

sati의 번역어도 중요하지만 sati의 개념 정의를 분명하게 하고 그 적
용 방법을 구체화하며 현대의 요구에 맞게 응용 방법을 개발하는 것이
더 중요할 것이다. 위에서 소개한 프로그램이나 치료법의 등장은 이런
점에서 반가운 일이다.

불교에서 출발한 sati는 이제 불교를 넘어서 모든 사람들이 자기 이해
와 건강 및 행복을 증진하기 위해 배우는 중요한 마음 기술의 하나로
발전할 것이다. 특히 sati는 특정 믿음 체계를 전제로 하지 않으면서
영적 수행에 도움을 주는 정신 훈련이라 범종교적으로 유익함을 줄 수

있고, 결과적으로 종교 간의 소통에도 기여할 것이다. 백인이 발견했든 흑인이 발견했든 다이아몬드는 다이아몬드다. 누구나 가져다가 유용하게 쓸 수 있을 것이다.

■ 감사의 글

먼저 이 책은 덕성여자대학교 2010년도 교내 연구비 지원의 도움을
받았음을 밝히며 대학 당국에 감사의 마음을 전한다.

이 책을 먼저 읽고 유익한 조언을 주신 덕성여대 불문과 정계섭 교수
님께 감사드린다. 같은 대학에 있으며 인생의 선배시면서도 늘 격의
없이 대해 주시고 수행의 길을 함께할 수 있음에 감사하고 있는데, 이
번에 이 책의 원고를 읽고 좋은 피드백을 주시니 또 한 번 감사함을 느
낀다.

충남대학교 심리학과 김교헌 교수님께서도 좋은 조언을 주셨다. 같은
학문을 하며 넉넉한 인품을 보여 주셔서 늘 배우려고 하고 있는데 바
쁘신 중에도 이 책의 원고를 읽고 생산적인 말씀을 주시니 다시 또 감
사하다.

이 책의 원고를 읽고 꼼꼼하게 교정을 해준 대학원 제자 고은미 선생,
고아람 선생에게도 감사드린다.

항상 곁에서 지원을 아끼지 않는 아내 김선주 박사에게도 감사드린
다. 마음챙김 명상 책의 집필을 처음 시작한 지 거의 15년이 넘어가

고 있다. 그 동안 여러 번 책의 내용과 체계가 변화했다. 아내의 격려와 조언이 없었으면 아직도 이 책은 완성되지 못했을 것이다. 아내는 이번 한 번으로 끝내는 것이 아니고 또 공부하고 수행하며 집필할 수 있음을 상기시켜 주며 나의 완벽주의적인 성향을 내려놓도록 도와주었다.

이 책은 나에게 명상을 배우고 지도받은 학생들, 일반인들에게도 빚을 지고 있다. 이 분들에게 명상을 가르쳤다고 하지만 실제로는 나 자신이 더 많이 배웠다. 이 분들의 피드백을 받고 질문에 답변하며 명상 수행이 좀 더 깊어질 수 있었다. 한 분 한 분 인사드리지는 못하지만 이 자리를 빌려 감사의 말씀을 드린다.

불광출판사의 이기선 선생님께서는 이 책의 원고를 읽고 이 책의 체계를 좋게 잡는 데 도움을 주셨을 뿐만 아니라 이 책의 편집과 출간에 많은 애를 쓰셨다. 이 책의 출간을 허락해 주신 불광출판사의 류지호 주간님을 비롯하여 불광출판사 모든 분께 마음 깊이 감사드린다.

필자는 만 스무 살이 되기 전인 대학 1학년 여름방학 때부터 4년간 매년 여름방학과 겨울방학에 부산의 보림선원에서 백봉白峰 김기추金基秋 선생님을 모시고 여러 도반들과 함께 일주일 넘게 철야용맹정진을 하였다. 선생님께서는 화두명상으로 대각大覺을 이루신 분이지만 '새말귀'라는 새로운 화두 명상 방법을 창안하여 지도하셨다. 스님들과는 달리 가정을 이루고 세속의 삶을 살아가는 생활인들은 화두를 들고 명상하는 것이 어렵다는 것을 파악하시고 세속의 생활을 하면서 수행할 수 있는 '새말귀' 수행법을 만드신 것이다. 그 당시에는 선생님의 설법이 좋았고 전통적인 화두 명상을 주로 하였지만, 마음챙김 명상을 수행하면서 선생님의 '새말귀' 수행법의 뛰어남을 새롭게 깨닫게 되었다. 마음챙김 명상과 '새말귀' 수행법의 관계는 다음에 다룰 수 있기를 기원해 본다. 훌륭한 가르침을 주신 선생님께 삼배를 올린다.

끝으로 이번에 이 책을 완성하며 보이지 않는 도움을 많이 받았음을 느낀다. '가피加被가 이런 것이구나.'라는 느낌을 여러 차례 받았다. 이 책을 마무리하는 마지막 순간까지 마치 우연처럼 필자가 막힌 부분, 필요한 부분을 '만났다.' 이 책에서 혹시라도 괜찮은 부분이 있어 사람들에게 조금이라도 유익함이 있다면 그것은 필자가 한 것이 아니다. '그분'께 혹은 '그 자리'에 감사드린다.

2011년 4월 김정호

마음챙김
명상
멘토링

2011년 4월 1일 초판 1쇄 발행
2019년 1월 15일 초판 7쇄 발행

글　　　　_김정호

발행인　　_박상근至弘
편집인　　_류지호
상무　　　_이영철
편집　　　_김선경, 이상근, 양동민, 주성원, 김재호, 김소영
책임편집　_이기선
디자인　　_백지원
제작　　　_김명환
홍보마케팅 _허성국, 김대현, 최창호, 양민호
관리　　　_윤정안

펴낸 곳　　불광출판사
　　　　　03150 서울시 종로구 우정국로 45-13, 3층
대표전화　02) 420-3200
편집부　　02) 420-3300
팩시밀리　02) 420-3400

출판등록 제300-2009-130호(1979. 10. 10)
ⓒ 김정호, 2011
ISBN 978-89-7479-595-5　03180
값 17,000원